Margery (Gred)

Eine Geschichte aus dem alten Nürnberg

(Band 4)

Georg Ebers

(Übersetzerin: Clara Bell)

Writat

Diese Ausgabe erschien im Jahr 2024

ISBN: 9789359945040

Herausgegeben von
Writat
E-Mail: info@writat.com

Inhalt

Kapitel XV.

Mit roten Gesichtern und halb erfrorenen Händen und Füßen erreichten wir an diesem Abend die Waldhütte. Die Fahrt durch den tiefen Schnee und den bitteren Dezemberwind war hart gewesen; sondern die Wälder in ihrem glitzernden Wintermantel, der scharfe, erfrischende Atem der reinen Luft und tausend Kleinigkeiten – von den weißen Hüten, die jeden Stock und Stein krönten, bis zu den winzigen Schneekristallen, die auf den grünen Samt meines Fells fielen - gefüttertes Mieder – waren eine Freude für mich, obwohl mein Herz vor Sorge schwer war. Der Abendstern war aufgegangen, als wir das Haus erreichten; und hier draußen, unter Gottes offenem Himmel, zwischen den Riesen des Waldes und seinem robusten, wettergegerbten Volk, schien es kaum wahr zu sein, dass ich meine kluge, junge Ann das traurige Leben des Magisters teilen würde fremd von allen Freuden dieser Welt. Diejenigen, die hier draußen in dieser Wildnis lebten, müssen dies wohl genauso empfinden wie ich; und so war es auch tatsächlich. Nachdem ich an der Seite meiner Tante am Herd Platz genommen hatte und sie mit ihren eigenen schwachen Händen etwas Gewürzwein für uns gemischt hatte, forderte sie mich auf zu sprechen. Als sie hörte, was mich so spät vor Weihnachten, das wir immer bei unserem Großonkel Im Huff verbrachten, in den Wald geführt hatte, lachte sie zunächst nur über den Anzug unseres Magisters; Aber sobald ich ihr sagte, dass es Anns ernsthafte Absicht sei, ihn zu heiraten, schwor sie, dass sie niemals eine solche wahnsinnige Torheit erleiden würde.

Meister Peter war viele Male ihr Gast in der Lodge gewesen; und obwohl sie selbst so klein und schwach war, liebte sie es, große und kräftige Männer zu sehen, weshalb sie ihm den Namen „der kleine trockene Bücherwurm" gegeben hatte, obwohl sie ihn kaum für einen Mann hielt. Als sie von seinem neugewonnenen Reichtum hörte, sagte sie: „Wenn er, statt um Tausende reicher zu sein, nur um die gleiche Anzahl Jahre jünger sein, einen Zentner mehr heben und hundert Meilen weiter in die Welt blicken könnte, Es würde mir nichts ausmachen, wenn er sein Glück mit diesem schönen Kind sucht!"

Was meinen Onkel betrifft, so summte er nur einen kräftigen Bass zur Melodie von „Little Wee Wife". Aber als er weggerufen wurde, drehte er sich zu mir um, bevor er die Tür hinter sich schloss, und fragte mich sehr eindringlich, als hätte er seine Ungeduld eine Weile zurückgehalten: „Und was ist mit deinem Bruder? Wie kommt es, dass diese Sache zustande gekommen ist." etwa? War Herdegen nicht verpflichtet, Ann zu heiraten?"

Daraufhin erzählte ich meiner Tante alles, was ich wusste, und gab ihr Herdegens Brief zur Lektüre, den ich sorgfältig mitgebracht hatte; und während sie es las, wurde ihr Gesicht düster und ängstlich; Sie biss die Zähne zusammen wie ein wütender Hund und schlug mit ihrer kleinen Hand auf den Tisch, der neben ihrem Sofa stand, so dass die darauf stehenden Becher und Fläschchen tanzten und klapperten. Nein, sie vergaß ihre Schwäche und tat, als würde sie aufspringen, aber der Schmerz war größer, als sie ertragen konnte, und sie fiel stöhnend in ihre Kissen zurück.

Sie hatte meinen Großonkel Im Hoff nie geliebt, und sobald sie sich erholt hatte, schwor sie, sein Handwerk zunichte zu machen und auch ihrem Neffen, der sich jetzt in Paris aufhielt, ihre Meinung über seine schurkische Untreue gegenüber a mitzuteilen heiliges Versprechen.

Dann erzählte ich ihr, wie hart und völlig unerträglich Anns Leben geworden war, und nahm schließlich den Mut zusammen, ihr mitzuteilen, wer der Mann war, den sie jetzt Stiefvater nannte. Darauf sagte sie zunächst kein Wort, sondern senkte den Blick, als wäre sie etwas verwirrt; Doch plötzlich fragte sie, warum und wie es sei, dass sie schon lange nichts mehr von dieser Heirat gehört habe, und als ich ihr erzählte, dass die meisten Menschen Angst gehabt hätten, in ihrer Gegenwart den Namen Meister Ulman Pernhart auszusprechen , zuckte sie plötzlich wieder zusammen und weinte mir ins Gesicht, dass sie in Wahrheit jede Erwähnung dieses Schurken und Lügners verbot, der die Jugend und Unschuld ihres Sohnes ausgenutzt hatte, um sein Herz von seinen Eltern abzuwenden und ihn ins Verderben zu treiben.

Und dies führte mich zum ersten Mal in meinem Leben dazu, die Ehrfurcht zu durchbrechen, die ich der ehrwürdigen Dame schuldete, die es so sehr verdient hatte, in jeder Hinsicht respektiert und verschont zu werden; denn ich hatte den Mut, sie auf ihre grausame Ungerechtigkeit hinzuweisen und mich mit ernstem Eifer für Meister Ulmans Sache einzusetzen. Eine Zeitlang war sie sprachlos vor Zorn und Erstaunen, denn sie war es nicht gewohnt, auf diese Weise zurechtgewiesen zu werden; aber dann zahlte sie es mir mit der gleichen Münze zurück; Ein Wort schlug das nächste, und mein wachsender Zorn trieb mich voran, so dass ich ihr schließlich deutlich sagte, dass Meister Pernhart ihren Sohn Götz ins Freie geschickt hatte, um ihn daran zu hindern, den Gehorsam, den er seinen Eltern schuldete, zu brechen. Außerdem erzählte ich ihr alles, was mir die Mutter des Kupferschmieds von dem Versuch erzählt hatte, Gertrude zu entführen, und was dabei herausgekommen war. Tatsächlich hatte Meister Ulman seine Tochter, sobald der Vorarbeiter die Verschwörung der Liebenden verraten hatte, in ihrer Kammer eingesperrt; und als ihr Geliebter, nachdem er vergeblich am Altar mit dem Söldnerpriester auf sie gewartet hatte, schließlich kam, um sie zu suchen, sagte ihr Vater zu ihm, dass er, wenn er – Götz – seine Klage nicht aufgeben sollte, seine Autorität als ihr Vater ausüben sollte, um sie zu zwingen Gertrude soll den Vorarbeiter heiraten und mit ihm nach Augsburg gehen oder ihr die Wahl lassen, den Schleier zu tragen. Und dies bestätigte er durch einen feierlichen Eid; und als Götz , wie jemand in Raserei, versuchte, seinen Anspruch geltend zu machen, seine Geliebte zu sehen und aus ihren eigenen Lippen zu erfahren, ob sie bereit sei , sich dem Joch ihres Vaters zu unterwerfen, gerieten sie sogar auf der Treppe, die zu Gertrudes Haus führte, in Handgreiflichkeiten Kammer, und es kam zu einem erbitterten Kampf, der vielleicht ein blutiges Ende gehabt hätte, wenn nicht die alte Dame Magdalena persönlich zwischen sie getreten wäre, um sie zu trennen. Und dann hatte Meister Ulman Götz geschworen , dass er seine Tochter als Gefangene einsperren würde, es sei denn, der Jugendliche verpflichtete sich, Gertrude nicht mehr zu sehen, bis er die Zustimmung seiner Eltern gewonnen hatte. Daraufhin ging Götz in ein fremdes Land; aber er vergaß seine Geliebte nicht und von Zeit zu Zeit erreichte sie ein Brief, in dem er ihr seine Treue versicherte.

Am Ende von drei Jahren nach seiner Abreise schrieb er schließlich an den Kupferschmied, dass er eine Stelle gefunden habe, die es ihm ermöglichen würde, zu heiraten und ein Haus zu gründen, und er flehte Meister Ulman direkt an, zwei Menschen, die niemals getrennt werden könnten, nicht länger auseinanderzuhalten. Pernhart zögerte auch nicht , ihm zu antworten, so schwer es ihm auch fiel, die Feder zu benutzen, denn es gab nichts weiter zu sagen, als dass Gertrude unter dem Rasen schlief, mit dem Ring ihres Geliebten am Finger und den letzten Veilchen, die er ihr je geschenkt hatte unter ihrem Kopf, wie sie es sich gewünscht hatte.

Damit endete die Geschichte der armen Gertrude; Aber bevor ich es halb erzählt hatte, war mein Zorn abgekühlt. Denn meine Tante saß schweigend da und hörte mir mit andächtiger Aufmerksamkeit zu. Auch meine Augen waren nicht trocken, auch nicht die dieser willensstarken Dame, und als ich am Ende sagte: „Na, Tante?" Sie erwachte gleichsam aus einem Traum und schrie: „Und doch haben mir diese Handwerker meinen Sohn, mein einziges Kind, geraubt!"

Und sie schluchzte laut und verbarg ihr Gesicht in ihren Händen, während ich neben ihr kniete und meine Arme um sie warf und ihre dünnen Finger küsste, die ihre Augen bedeckten, und leise, wie durch Eingebung, sagte: „Aber der Handwerker liebte." sein Kind; ja, und sie war eine süße und liebenswerte Magd, die Schönste in der ganzen Stadt, und der Stolz ihres Vaters. Und was war es, das sie so früh entführte, außer dass sie sich nach deinem Sohn sehnte? Vielleicht wird Götz bald zurückgerufen die Arme seiner Mutter; aber der Kupferschmied wird sein Kind – die schöne Gertrude, wie die Leute sie nannten – vielleicht nie wieder sehen. Und er hätte sich vielleicht bis heute über ihre Gegenwart gefreut, wenn ..."

Sie unterbrach mich mit warnenden Worten und Gesten, und als ich dennoch nicht aufhörte, sie zu bitten, ihr Herz nicht länger zu verhärten, sondern ihren

Sohn, der ihr wertvollster Schatz war, zu ihr nach Hause kommen zu lassen, befahl sie mir, sie zu verlassen Kammer. Einem solchen Befehl muss ich gehorchen, ob ich will oder nicht; ja, während ich einen Moment an der Tür stand , winkte sie mir zu gehen; aber als ich mich abwandte, rief sie mir nach: „Geh und verlass mich, Margery. Aber du bist ein gutes Kind, das werde ich dir sagen!"

Pernhart gesprochen hatte , und als man hörte, dass ich sogar ein gutes Wort für ihn gesprochen hatte, schaute er mich an, als ob er mich hätte Ich hatte eine richtig mutige Tat vollbracht; Dennoch konnte ich sehen, dass er darüber sehr erfreut war, und der Priester, der wie immer schweigsam dagesessen hatte, warf mir einen Blick des herzlichen Dankes zu und fügte ein paar lobende Worte hinzu. Es war lange nach dem Abendessen, und mein Onkel hatte seinen Nachttrunk Wein getrunken, als meine Tante die Haushälterin schickte, um mich zu ihr zu holen. Freundlich und freundlich, als ob sie meinen früheren Zorn auf eine gute Absicht zurückführte, forderte sie mich auf, mich zu ihr zu setzen, und bat mich dann, ihr noch einmal in allen Einzelheiten alles zu wiederholen, was ich ihr sagen konnte, was Götz und Gertrude berührte . Während ich ihr nach besten Kräften gehorchte , sagte sie kein Wort; aber als ich zu Ende war, hob sie den Kopf und sagte wie im Traum: „Aber Götz ! Hat er nicht Vater und Mutter verlassen, um einem schönen Gesicht nachzufolgen?"

Andererseits flehte ich sie inständig an , den Gefühlen im Herzen ihrer Mutter nachzugeben. Aber als ich ihren starren Blick in die leere Luft und den angespannten Schmollmund ihrer Unterlippe sah, konnte ich nicht daran zweifeln, dass sie niemals das Wort sagen würde, das ihn nach Hause führen würde.

Mir lief es kalt über den Rücken und ich wollte gerade aufstehen und gehen, aber sie hielt mich zurück und sprach noch einmal von Herdegen und dieser Angelegenheit. Als sie die ganze Geschichte gehört hatte, sah sie beunruhigt aus: „Ich kenne meine Ann", sagte sie. „Wenn sie dem Bücherwurm einmal ihr Versprechen gegeben hat , würden alle zwölf Apostel sie nicht zwingen, es zu brechen, und dann wird sie dem Elend geweiht sein, und ihr Schicksal und das deines Bruders sind beide besiegelt."

Dann fragte sie weiter, wann der Magister nach Hause zurückkehren würde, und als ich ihr sagte, dass er morgen erwartet würde, kam sie in große Schwierigkeiten.

Es war nach Mitternacht oder überhaupt, als ich sie verließ, und als es hereinbrach , schlief ich so schlecht und lange, dass ich gezwungen war, mich sehr zu beeilen, und als es hereinbrach und ich zum Fenster ging, sah ich den Schnee im Wind wirbeln. Und siehe da, im Schuppen wurde ein großer

Holzschlitten hergerichtet, zweifellos für den Transport eines kranken Mannes ins Kloster.

Ich fand meine Tante im Flur, wohin sie kaum vor Mittag getragen wurde; und statt ihrer alltäglichen Kleidung – einem weiten Morgenkleid – trug sie seltsame und formlose Gewänder, die so in Tücher und Umhänge gehüllt waren, dass sie überhaupt nicht wie eine lebende Frau aussah, geschweige denn wie sie selbst, so sehr, dass ihr kleiner Körper dünn war Der Mensch war wie nichts anderes als eine riesige, formlose, vielschichtige Zwiebel. Ihr kleines Gesicht lugte aus den Schleiern und Tüchern hervor, die ihren Kopf umhüllten, wie ein Halbmond aus dichten Wolken; aber ihre hellen Augen strahlten freundlich auf mich, als sie rief: „Komm, beeil dich zum Frühstück, leg dich ins Bett! Ich dachte, dich fit und bereit vorzufinden, und du lässt die Männer warten, als wäre es etwas Alltägliches." wichtig, dass wir zusammen reisen sollten.

„Aye, aye! Sie hat es auf die Reise abgesehen", sagte mein Onkel stöhnend, während er einen liebevollen Blick auf seine gebrechliche Frau warf und seine gefalteten Hände zum Himmel hob. „Nun, Kaplan, auch in unseren Tagen geschehen Wunder!" Und Seine Ehrwürdigkeit, so schweigsam er auch war, hatte diesmal eine Antwort parat und sagte mit herzlichem Gefühl: „Das liebende Herz einer tapferen Frau hat zu allen Zeiten Wunder wirken können."

„Amen", sagte mein Onkel und drückte seine Lippen auf den gedämpften Kopf seiner Frau.

Allerdings erinnerte ich mich an unser Gespräch gestern Abend und an den Schlitten, den ich beim Anspannen gesehen hatte; Tatsächlich reichte allein der Blick, den der ungewöhnliche Reisende auf mich warf, aus, um mir zu sagen, was meine kränkliche Tante für Ann zu tun vorhatte. Dann geschah etwas über mich, ich weiß nicht was; Mit einer Leidenschaft, die ganz anders war als gestern Abend , fiel ich auf die Knie und küsste sie wie ein Kind, dessen Mutter zu Weihnachten das geschenkt hat, was es am meisten liebt und was es sich am meisten wünscht, während meine Lippen auf ihre Augen, ihre Stirn usw. gedrückt wurden Wangen, wo immer die Umhüllungen sie nicht bedeckten, und sie schrie:

„Verlass mich, verlass mich, verrücktes Kind! Du erstickst mich. Was für eine große Sache ist das denn? Eine Frau wird durch den Schnee nach Nürnberg reiten, um mit einer anderen zu plaudern, und die dreht den Kopf, um sie anzusehen ? Nun, du dummes Mädchen, lass mich in Ruhe. Was für eine Aufgabe für gar nichts!"

Wie ich meinen Haferbrei im Handumdrehen aß und dann in den Schlitten sprang, konnte ich kaum sagen, und tatsächlich bemerkte ich kaum etwas von unserer Abreise; Meine Augen waren voller Tränen. Direkt neben meiner Tante gepackt, während sie drei Viertel des Sitzplatzes ausfüllte, flog ich mit ihr über den Schnee; Wir brauchten auch keine große Gefolgschaft zu Pferd, um uns Gesellschaft zu leisten, da mein Onkel an der Spitze weiterritt und die Buchenauers und Steinbachers und andere Straßenräuber, die die Straßen rund um Nürnberg unsicher machten, alle in Frieden mit Onkel Waldstromer lebten der Schießerei.

Als wir in die Stadt kamen und ich den Reiter aufforderte, uns zum Schopperhof zu bringen , sagte meine Tante: „Nein, zum Haus von Ulman Pernhart , dem Kupferschmied."

Daraufhin murmelte der treue alte Diener, der viele Gerüchte über die Geschäfte seines verbannten jungen Herrn mit der schönen Tochter des Handwerkers gehört hatte und Götz ergeben war, den Namen seines Schutzheiligen und sah sich um, als wäre es ein riesiger Halsabschneider bereit, aus dem Unterholz hervorzustürmen und auf den Schlitten zu stürzen; Tatsächlich konnte ich mein Staunen auch nicht ganz unterdrücken. Ich erholte mich jedoch sofort und machte ihr klar, dass es ihr kaum zieme, zum ersten Mal in solcher Kleidung das Haus eines Fremden zu betreten. Außerdem war Akusch vorausgeschickt worden, um Cousine Maud ihr Kommen anzukündigen. Ich könnte nach Ann schicken; denn tatsächlich ziemte es ihr, der Jüngeren, auf meine Tante aufzupassen.

Aber sie hielt an ihrem Willen fest, zu Meister Ulmans Wohnung zu gehen; Doch obwohl ihr die Tücher und Umhänge unangenehm waren, stimmte sie zu, sie zuerst bei uns zu Hause beiseite zu legen.

Cousine Maud drängte sie fast mit Gewalt, sich auszuruhen, zu essen und zu trinken; aber sie lehnte alles ab; obwohl alles bereit und dampfend heiß war; Bis, wie es das Schicksal wollte, der Magister von seiner Reise nach Nördlingen hereinkam, während sie hin- und wieder hinausgetragen wurde . In seinen hohen Pelzstiefeln und der schweren Umhüllung, die er sich um den Kopf gelegt hatte, um ihn vor der winterlichen Böe zu schützen, musste er nicht sicher sein, wie ein Verehrer für ein schönes junges Mädchen auszusehen; und der Blick, den meine Tante ihm halb spöttisch, halb zornig zuwarf und ihn von Kopf bis Fuß musterte, hätte anderen Männern als Meister Peter — der sie seinerseits zu einer recht bescheidenen und wohlhabenden Person machte — deutlich genug gesagt: drehte sich um: „Warten Sie eine Weile, junger Kerl! Ich bin jetzt hier! Und wenn Sie einen Floh in Ihrem Ohr finden, müssen Sie mir dafür danken!"

gekleidet , wie es sich für eine Dame ihres Standes gehörte, in einen pelzigen Umhang und eine Kapuze, wurde sie in der gut mit Vorhängen versehenen Sänfte von Cousine Maud davongetragen. Ich hatte Akusch mit einer Nachricht zu Ann geschickt, aber er hatte sie drinnen nicht gefunden und erwartete mich auf der Straße; So kam es, dass niemand bei den Pernharts wusste, was auf sie zukam.

Als die Träger nun die Sänfte abstellten, blickte Tante Jacoba auf das schöne Haus, vor dem wir standen, und fragte, was das zu bedeuten habe, obwohl es sieben Jahre her war, seit sie in der Stadt gewesen war, und die neue Wohnung des Herrn noch nicht einmal darin lag Zeit gebaut. Außerdem war sie sehr erstaunt, in einem so großen Haus einen Handwerker zu finden. Aber es sollten noch bessere Dinge kommen: Als ich gerade an die Tür klopfen wollte, öffnete sie sich, und fünf Herren des Rates, allesamt Männer ersten Ranges unter den Ältesten der Stadt, erschienen auf der Schwelle, und Meister Pernhart in ihrer Mitte . Sie schüttelten ihm die Hand wie einem von ihnen, und er überragte sie alle; ja, wenn er nicht dort gestanden hätte, wie er aus der Schmiede kam, in seiner Lederschürze, mit der Schmiedemütze in der Hand, jeder hätte ihn für den Anführer von allen halten können.

Nun waren diese Herren zu Meister Pernhart gekommen , um ihm mitzuteilen, dass er zu einem der acht Wächter der Zünfte gewählt worden war, die zu dieser Zeit Teil des ehrwürdigen Stadtrats von zweiundvierzig Personen waren. Veit Gundling , der alte Braumeister, war vor Kurzem aus dem Leben getreten, und die Kurfürsten waren sich darin einig, den Kupferschmied an seine Stelle zu setzen, und auch er wurde von den Zünften anerkannt. Sie waren sofort zu ihm gekommen, obwohl ihre Entscheidung erst am Tag des Heiligen Walpurgis bekannt gegeben werden sollte , da man es für gut hielt, die Angelegenheit vor dem Ende des alten Jahres zu regeln.

So kam es, dass meine Tante beim Abschied Zeuge war und sich mit ein paar herzlichen Worten bedankte. Diese wurden allerdings durch ihr Kommen abgebrochen, da sie diesen fünf edlen Herren wohlbekannt war, die ihr alle pflichtgemäß ihre Überraschung und Freude versicherten, sie hier noch einmal begrüßen zu dürfen die Stadt.

Pernharts Wohnung gekommen war, um einen Kupferdeckel oder einen Einmachtopf zu bestellen, war leicht zu verstehen, aber sie unterbrach jede Nachforschung, und die Sänfte wurde sofort durch die weit geöffnete Tür hereingetragen.

Der Meister empfing sie im Saal.

Er hatte sie bis jetzt nur aus der Ferne gesehen und doch genug von ihr gehört, um sich ein klares Bild von ihr machen zu können. Bei ihr war es genauso. Sie sah diesen Mann, dem sie so bitteren Groll schuldete, zum ersten Mal hier, unter seinem eigenen Dach, und es war wirklich seltsam zu sehen, wie die beiden sich so scharf ansahen; er mit einer leichten Verbeugung, fast schüchtern, und der Mütze in der Hand; sie war unerschrocken, aber mit einem Gesichtsausdruck, als wüsste sie genau, dass ihr nichts Angenehmes bevorstand.

Der Meister sprach zuerst und hieß sie in seiner Wohnung willkommen, mit einem Ton der Wahrheit, aber mit allem gebotenen Respekt, und sprach nie davon, wie es in seiner Klasse üblich ist, als „demütig" oder „arm", und wie er sich umgab Um ihr aus der Sänfte zu helfen , könnte ich sehen, wie sich ihr Gesicht aufhellte, und das versicherte mir, dass sie, wie man sagt, die Vergangenheit hinter sich lassen und Meister Pernhart in klaren Worten erklären würde, mit welcher Absicht und zu welchem Zweck sie an seine Tür geklopft hatte. Als sie in der besten Kammer ankam, war die letzte saure Locke aus ihrem Mund verschwunden; und tatsächlich war darin alles gemütlich und anständig; Dame Giovanna ist geschickt darin, den Dingen ein ordentliches Aussehen zu verleihen, das dem Auge gut gefällt.

Pernhart hatte inzwischen nur noch wenig gesagt, und sein Gesicht war immer noch dunkel und hatte einen fast feierlichen Ausdruck. Auch die Mutter des Herrn, für die Gertrude alles in allem gewesen war und die getan hatte, was sie konnte, um ihre Ehe zu beschleunigen, konnte im Herzen der anderen Frau lesen und verstand, wie groß das Opfer gewesen war, das sie auf sich genommen hatte. Von dem alten Groll war in ihrer Rede nichts zu spüren, und es klang auch nicht schlecht, als sie, als sie die Kissen meiner Tante zurechtrückte, sagte, sie könne sie nicht beneiden, weil ihr, der Älteren, so gestattet sei, der Jüngeren zu dienen . Als Pernhart bald darauf das Zimmer verließ, vielleicht um sich schicker zu kleiden, saßen die beiden alten Frauen in eifrigem Gespräch da; und wenn die Dame dünn und kränklich und die Mutter des Handwerkers kräftig und kräftig war, gab es doch viele Ähnlichkeiten zwischen ihnen. Sicherlich liebten beide es zu herrschen, und als ich sie beobachtete und sah, wie jede ihre Unterlippe hervorschoss, wenn die andere ein Wort sagte, um sie zu ärgern, fand ich es ein richtig guter Spaß; Aber gleichzeitig war ich erstaunt zu hören, wie wirklich die alte Dame Pernhart Ann verstand und von ihr sprach. Ich hatte in der Tat bisher manches an meiner Freundin mit anderen Augen gesehen, und dennoch konnte ich der guten Frau keine Ungerechtigkeit vorwerfen oder leugnen, dass die Stieftochter des Kupferschmieds, weil sie mich kannte und mit uns Umgang pflegte, mit ihr aufgewachsen war Manieren und Wünsche, die sich von denen der Tochter eines anderen Angestellten oder gar eines Handwerkers unterscheiden.

Obwohl sie sich bemühte, ihr tiefes Unbehagen zu verbergen, sagte die alte Frau, könne ihr das auf keinen Fall gelingen. Ein Haushalt war eine Körperschaft, und jedes Mitglied davon, das mit seinen Sitten nicht zufrieden sein konnte, war mit den anderen unzufrieden und machte es ihnen schwer, ihm den Dienst und das Vergnügen zu erweisen, die sie gerne tun würden. Ann erfüllte jede ihrer Pflichten, bis hin zur allergeringsten, weil sie einen standhaften Geist und große Herrschaft über sich selbst hatte; aber ihr wurde nur wenig gedankt, und zwar aus eigener Schuld, denn sie tat es freudlos. Von ihr strahlende Fröhlichkeit zu erwarten, war, als würde man Weintrauben an einer Birke suchen; und während die Großmutter bis vor Kurzem gehofft hatte, in dieser sanften Magd jemanden zu finden, der den Platz der Verstorbenen einnehmen könnte, konnte sie sich jetzt nur wünschen, dass sie ein anderes Zuhause finden würde.

All dem stimmte meine Tante zu, und als Pernhart hereinkam, gekleidet in sein Festtagsgewand – ein stattlicher Mann und seiner neuen Würde bestens gewachsen –, befahl mir Tante Jacoba , nach Ann Ausschau zu halten. Ich sah, dass sie meine Abwesenheit wünschte, damit sie allein mit der Mutter und dem Sohn fertig werden konnte, also ging ich hastig und blieb mit den Kindern in den oberen Gemächern, bis ich Ann und ihre Mutter auf das Haus zukommen sah. Ich lief ihnen entgegen und siehe da! Als wir alle drei ins Gästezimmer gingen, war Pernhart gerade dabei, sich über die Hand meiner Tante zu beugen, um sie an seine Lippen zu drücken, und Tränen funkelten in seinen Augen und denen der Frauen; Sie waren sogar so gerührt, dass niemand hörte, wie sich die Tür öffnete, und die alte Frau glaubte, mit ihrem Sohn allein zu sein, als sie zu meiner Tante rief: „Oh, warum hat der Himmel dich vor einigen Jahren nicht zu uns geführt!" "

Meine Tante nickte nur schweigend, und Dame Magdalena wertete dies zweifellos als Zustimmung; aber ich las noch mehr als das in ihrem Gesicht, und zwar etwa Folgendes: „Wir haben einander zutiefst verletzt, und ich bin dankbar, dass alles vorbei und vergeben ist; doch so sehr ich Sie jetzt auch schätzen mag, Sie hatten es in der Sache so." Konzentrieren Sie sich darauf, dass ich heute genauso wenig nachgegeben hätte wie damals.

Kapitel XVI.

Ann sah sehr süß aus, als sie meiner Tante erzählte, dass sie sich über die große Güte schämte, die die schwache Dame ihretwegen im bitteren Winterwetter durch den Wald geführt hatte, und sie küsste die dünne, kleine Hand tief Gefühl; und selbst die ältere Frau beugte sich und ließ vor ihrem Liebling ungehindert der ganzen Wärme ihres Herzens freien Lauf, die sie sonst nicht zur Schau zu stellen pflegte. Sie hatte den Pernharts erzählt, welche Ängste sie in die Stadt geführt hatten, und so wurde das Zimmer sofort geräumt, und der Meister rief Herrin Giovanna weg, nachdem meine Tante ihre Bewunderung für ihren seltenen Charme zum Ausdruck gebracht hatte.

Als auch ich mich nun darauf vorbereitete, in den Ruhestand zu gehen, was meiner Meinung nach nur angemessen war, winkte mich Tante Jacoba zum Bleiben. Ann verstand ebenfalls, was ihre kranke Freundin zu ihr geführt hatte, und sie flüsterte mir zu, dass sie, obwohl sie zutiefst dankbar für die große Güte sei, die meine Tante ihr jemals erwiesen hatte, niemals von ihrem wohlüberlegten Vorsatz abweichen könne. Darauf konnte ich nur antworten, dass sie zumindest in einem Punkt ihre Meinung ändern müsse, denn ich wusste mit Sicherheit, dass die alte Großmutter Pernhart sie wirklich liebte. Daraufhin rief sie freudig und dankbar: „Oh, Margery! Wenn das nur wahr wäre!"

Sobald wir drei zusammen waren, ging meine Tante sofort auf den Kern der Sache ein und sagte offen, zu welchem Zweck sie hierher gekommen sei, dass sie wisse, was Ann alles durch Herdegen erlitten habe und wie gut sie es verkraftet habe. und dass sie nun beschlossen hatte, mit dem Magister zu heiraten.

Und während Ann hier mit einem entschlossenen „Und das werde ich!" unterbrach. Meine Tante sagte ihr, dass sie mit dem einen auskommen müsse, sonst würde sie sich jemals mit dem anderen Liebhaber anfreunden. Herdegen war vor Meister Peter gekommen, und die erste Frage war, wie die Dinge bei ihm stünden.

Daraufhin bat Ann sie demütig, nichts nach ihm zu fragen; Wenn meine Tante sie liebte , würde sie es unterlassen, die kaum verheilte Wunde zu berühren. So viel sagte sie, wenn auch mit Schmerz und Trauer; aber ihre Freundin ließ sich nicht rühren, sondern rief: „Und ich danke Meister Ulsenius nicht , wenn er seine Sonde in das Herz meines Übels sticht, wenn er es schneidet oder verbrennt? niemals verzweifeln, solange das Herz des kranken Mannes noch pocht? Na dann, dein Kummer mit Herdegen ist krank und wund und liegt tief im Herzen ... "

Aber Ann unterbrach sich erneut und rief: „Nein, nein, edle Dame, das Herz dieser Sache hat aufgehört zu schlagen. Sie ist tot und für immer verschwunden !"

"Ist es so?" sagte meine Tante kühl. „Trotzdem, sieh ihm genau ins Gesicht. Der alte Im Hoff – ich habe den Brief gelesen – befiehlt deinem Geliebten, dich aufzugeben und seinen Befehlen zu gehorchen. Und doch, Kind, hütet er sich davor, dir das zu schreiben. Es zu finden Da es ihm schwer fällt, es selbst auszusprechen, überlässt er die Aufgabe Margery. Und was diesen Brief betrifft; ich nannte ihn einen Fastenscherz gestern Abend; und so ist es wahrlich! Lesen Sie ihn noch einmal. Er ist so triefend vor Liebe wie ein Kleidungsstück tropft , wenn es aus einem Teich gefischt wird! Während er versucht, die Tür vor dir zu verschließen , drückt er dich an sein Herz. Vielleicht glühte seine Liebe noch nie so heiß, und er fühlte sich noch nie so stark zu dir hingezogen wie damals, als er dieses armselige Buch schrieb Zeug, um die heiligen Bande zu sprengen, die dich zusammenhalten. Bist du so langweilig , dass du das nicht spürst?"

„Nein, ich sehe es ganz genau", rief Ann eifrig, „ich wusste es, als ich den Brief zum ersten Mal las. Aber das ist genau der Punkt! Muss ein Liebhaber, der seine Liebe für schmutzigen Profit verschachern kann, nicht wirklich niedrig sein? Wenn." als er aufhörte, treu zu sein , hatte er auch aufgehört zu lieben, wenn der wankelmütige Fortunatus seiner Geliebten überdrüssig geworden wäre – dann könnte ich viel leichter vergeben."

„Und erzählst du mir, dass dein Herz jemals vor wahrer Liebe zu ihm pochte?" fragte ihre Freundin erstaunt und sah ihr scharf in die Augen, als erwarte sie, dass sie Nein sagen würde. Und als Ann weinte: „Wie kannst du so eine Frage überhaupt stellen?" Meine Tante fuhr fort: „Dann hast du ihn also wirklich geliebt? Und Margery erzählt mir, dass du und sie einen seltsamen Pakt geschlossen haben, um andere Leute glücklich zu machen. Zwei junge Mädchen, die es wagen zu glauben, sie könnten Gott, den Allmächtigen, spielen! Und der Magister, Ich stelle mir vor, dass du der Erste sein wolltest, dem du bereitwillig Opfer bringen wolltest, egal, was es kostete? So stehen die Dinge?"

Ann war jetzt nicht mehr so bereit, zustimmend zu nicken, und meine Tante murmelte etwas, das ich nicht verstehen konnte, wie sie es immer zu tun pflegte, wenn ihr etwas gegen den Strich ging; Dann sagte sie mit Nachdruck: „Aber Kind, mein armes Kind, Liebe, verletzter Stolz und Herzschmerz haben dein Herz und deinen gesunden Menschenverstand verändert. Ich bin eine alte Frau und ich danke Gott, dass ich klarer sehen kann. Es ist real." , wahre Liebe, wohlgefällig für den Vater, den Sohn und den Heiligen Geist, ja und für die barmherzige Jungfrau und alle Heiligen, die dich beschützen, die dich und Herdegen seit deiner Kindheit verbunden hat. Er, obwohl treulos und ein Sünder, trägt immer noch Seine Liebe ist in seinem Herzen, und du warst nicht in der Lage, deine Liebe auszurotten und auszutreiben. Er hat sein Schlimmstes getan, und indem er es getan hat – erinnere dich an seinen Brief – hat er damit, sage ich, bereits sein eigenes junges Leben vergiftet. In diesem Babel, das Paris genannt wird, schwankt er nur von einem Vergnügen zum anderen. Aber wie lange kann das dauern? Sehen Sie nicht, wie ich sehe, dass der Tag kommen muss, an dem er sich vor Kummer und Abscheu vor all dieser Torheit für am meisten halten wird? Du elende Seele auf Erden, und schaue dich nach dem festen Ufer um wie ein Seemann, der in einem lecken Schiff auf See hin und her geworfen wird? Dann wird er sich an die Vergangenheit erinnern, an seine Kindheit und Jugend, an seine reine Liebe und die deine. Dann wirst du selbst, Ann, der Inselparadies sein, nach dem er sich sehnen wird. Dann – ja, Kind, es ist so, du wirst das einzige Geschöpf sein, das ihm helfen kann; Und wenn du dich wirklich danach sehnst, Glück zu schaffen – wenn deine Liebe so wahr ist, wie du es – vor nicht allzu langer Zeit – auf deinen Knien vor mir und mit kochenden Tränen verkündet hast, dann muss er und nicht Meister Peter der Erste sein, auf den du stehst Sie sollten Ihre Tagträume wahr machen – denn ich weiß nicht, welchen anderen Namen ich solchen eitlen Vorstellungen geben soll."

Daraufhin schluchzte Ann laut, rang die Hände und schrie: „Aber er hat mich verstoßen und für Gold und Silber verkauft. Kann ich, den er in den Staub geworfen hat, versuchen, ihm nachzulaufen? Würde es einem ehrlichen und beschämten Menschen gefallen?" Magd, wenn ich ihn zu mir zurückrufe? Er ist glücklich – und er wird noch viele, lange Jahre unter seinen rücksichtslosen Gefährten glücklich sein; wenn jemals die Zeit kommen sollte, von der Sie sprechen, verehrteste Dame, wird es ihn auch dann interessieren Nicht mehr für Ann, blütenlos und verblasst, als für die abgenutzte Tapferkeit, mit der er sich einst begab. Was mich und meine Liebe betrifft, so warm sie immer in meiner Brust glühen wird, solange ich lebe und atme, wird er es nie brauchen es im Leben der Freude, in dem er sich sonnt. Es ist nicht umsonst, sich vorzustellen, dass ich mein Ziel erreicht habe, und wenn ich den Elenden Freude bereiten will, muss ich andere als ihn suchen."

„Gut", sagte meine Tante, „wenn das so ist, ist deine Liebe weder wertvoller noch besser als seine."

Und aus dem Busen der unglücklichen Magd erklangen die Worte: „Es ist wahrlich und wahrhaftig wahr und würdig und tief; niemals war die Liebe wahrer ..."

"Niemals?" antwortete meine Tante und sah sie fragend an. „Habt ihr nicht von der Liebe gelesen, von der die Schrift spricht ? Liebe, die fähig und bereit ist, alles zu ertragen."

Und mir kamen die Worte des Apostels in den Sinn, die die Kartäuserschwester in unser Gedächtnis eingeprägt und sozusagen eingebrannt hatte, als wären es diejenigen, die vor allen anderen im Herzen jeder christlichen Frau leben sollten; und während ich mich bisher zurückgehalten hatte, wie es mir geziemte, trat ich jetzt vor und sagte sie mit der ganzen andächtigen Inbrunst meines jungen Herzens wie folgt: „Die Nächstenliebe duldet lange und ist gütig; die Nächstenliebe neidet nicht; die Nächstenliebe rühmt sich nicht, sie ist es nicht." aufgeblasen; sucht nicht das Seine, lässt sich nicht leicht provozieren, denkt nichts Böses; erträgt alles, glaubt alles, hofft alles, erduldet alles."

Während ich sprach, richtete Ann, die nach Luft rang, den Blick auf den Boden, aber meine Tante wiederholte mir mit klarer Stimme die Worte: „ Erträgt alles, glaubt alles, hofft und erträgt alles." Und sie fügte ganz ernst hinzu; Darum glaube und hoffe und halte noch länger durch, mein armes Kind, und sage mir in aller Wahrheit: Scheint es dir eine geringere Tat zu sein, den Sünder in dieser und der nächsten Welt auf den Weg der Gerechtigkeit und Glückseligkeit zurückzuführen, als? dem Bettler Almosen geben?"

Ann schüttelte den Kopf, und meine Tante fuhr fort: „Und wenn es jemanden gibt – lassen Sie es mich wiederholen –, der Herdegen jemals retten kann , auch wenn er halb verloren ist, dann sind Sie es. Komm, komm", und sie Sie winkte ihr, und Ann gehorchte ihrem Befehl und fiel neben ihr auf die Knie, wie sie es zuvor in der Waldhütte getan hatte. Die ältere Dame küsste ihr Haar und ihre Augen und sagte weiter: „Halte fest an deiner Liebe, mein Liebling. Du hast nichts anderes als Liebe, und ohne sie ist das Leben in der Tat oberflächlich, ist pure Leere. Du wirst sie nie im Magister finden." Arme, und dass Ihr Herz der Gewissheit ist, dass Sie nicht darauf aus sind, um jeden Preis einen wohlhabenden Mann zu heiraten ... "

Aber sie beendete ihre Rede nicht, denn Ann hob flehentlich ihre großen Augen in mildem Vorwurf, als wolle sie sich vor einer Kränkung schützen. Also tröstete meine Tante sie mit ein paar freundlichen Worten und ermahnte sie dann wie folgt: „Wahrlich, es fehlt dir nicht an Liebe, sondern an geduldigem Vertrauen. Ich habe von Margery hier gehört, welche bitteren Enttäuschungen du erlitten hast. Und das ist es." Es ist in der Tat schwer für das betroffene Herz, nach einem neuen Frühling für die verwelkte Ernte der Freude zu suchen. Aber sieh dir meinen guten Ehemann an. Er hört nicht auf, Eicheln zu säen, obwohl er weiß, dass es ihm niemals gewährt werden wird, sie wachsen zu sehen schöne Bäume, oder einen Gewinn daraus zu machen. Lernst du auch, deine Seele in Geduld zu besitzen? Und vergiss nicht, dass, wenn Herdegen verloren geht, die Frage an dich gestellt wird: „Hast du ihm die Hand ausgestreckt?" als es noch an der Zeit war, ihn zu retten, oder hast du ihm schon beim ersten Schlag in kleinmütiger Ungeduld deine Liebe und Gunst entzogen?""

Die letzten Worte kamen mit feierlichem Ernst von den Lippen meiner Tante und trafen Ann mitten ins Herz; Sie gestand, dass sie das Gleiche schon viele Male zu sich selbst gesagt hatte , aber dann war in ihr der Jungfrauenstolz aufgestiegen und hatte ihr verboten, der warnenden Stimme Gehör zu schenken; und dennoch hatte niemand so oft oder so laut in ihrer Seele gesprochen, so dass die tiefste Sehnsucht ihres Herzens auf das reagierte, was ihre Freundin gesagt hatte.

„Dann tun Sie, was er will", sagte meine Tante eifrig, und ich sagte dasselbe; und Ann, die nicht nur überstimmt, sondern auch überzeugt war, gab nach und gestand, dass sie selbst als Frau von Meister Peter niemals die alte Liebe hätte töten können, und erklärte sich bereit, ihrem Stolz und Zorn zu entsagen.

So hatte die treue Liebe meiner Tante sie vor der Sünde bewahrt, und gern stimmte ich ihrem tapferen Geist zu, als sie zu Ann sagte: „Du musst dich für diesen kegelwitzigen Kerl in Paris aufsparen, Kind; denn kein anderer als er kann dich erschaffen." zu Recht glücklich, und er kann auch mit keiner anderen Frau glücklich sein als mit meinem wahren und treuen Liebling!"

Ann bedeckte die Hände meiner Tante mit Küssen, und die Worte flossen herzlich und fröhlich über ihre Lippen, als sie rief: „Ja, ja, ja! Es ist so! Und wenn er mich schlug und verachtete, wenn er so tief fiel , dass kein Mann Ich würde ihm nachspringen, ich, ich würde ihn niemals sinken lassen.

Und dann warf sich Ann mir um den Hals und sagte: „Oh, wie leicht ist mein Herz noch einmal. Ach, Margery! Wenn ich mich jetzt danach sehne zu beten, weiß ich genau, wofür."

Selten hatten die trüben Augen meiner Tante so hell geleuchtet wie zu dieser Stunde, und ihre Stimme klang klarer und fester als sonst, als sie uns noch einmal ansprach und sagte: „Und jetzt wird die Alte Ihnen zum Schluss noch eine kleine Geschichte erzählen." Deine Führung. Du kanntest Riklein , die Jungfrau, die die Leute die Nachtjungfer nannten; und war sie nicht eine wirklich liebevolle und fröhliche Seele? Doch hatte sie nicht wenig Kummer gekannt . Sie starb erst kürzlich am Tag des Heiligen Damasius , und die Geschichte, die ich zu erzählen habe, betrifft sie. Sie nannten sie die Jungfer der Nacht, weil sie oft bis spät in die Nacht am Steuer saß, um Geld zu verdienen, das ihr mit drei Farthing pro Spule bezahlt wurde. Aber es war nicht aus Gier, dass die alte Körperschaft so darauf erpicht war, Geld zu bekommen.

„In ihrer Jugend war sie eine der ordentlichsten Mägde weit und breit gewesen und hatte ihr Herz an einen Köhler gehängt, der in der Tat ein trauriger Schurke war, ein Schafdieb und Schurke, der auf der Folterbank ein böses Ende fand. Aber trotz allem hörte Riklein nie auf, ihn aufrichtig zu lieben, und obwohl er tot und verstorben war, gab sie es nicht auf, fleißig zu arbeiten, während sie noch für ihn lebte. Der Priester hatte ihr das gesagt, da ihr Geliebter das Sakrament von angenommen hatte Beim Abendmahl des Herrn auf dem Schafott war ihm das Himmelreich nicht verschlossen, und doch bedurfte es mancher Gebete und mancher Messen, um ihn von den Feuern des Fegefeuers zu befreien. So lagerte Riklein Spanne um Spanne, Tag und Nacht Sie gab alles auf, was sie verdiente, und als sie vor nicht allzu langer Zeit auf ihrem Sterbebett lag und der Priester ihr das Heilige Sakrament überreichte, holte sie ihren Schatz unter ihrer Matratze hervor, zeigte ihn ihm und fragte, ob das reichen würde Bezahlt, um Andres den Weg zu den Freuden des Himmels zu ebnen? Und als der Kaplan sagte, dass es so sein würde, wandte sie ihr Gesicht ab und schlief ein. Also spinnen Sie Ihr Garn, Kind, und lassen Sie den Flachs auf Ihrem Spinnrocken frohe Gewissheit sein; und wenn dir jemals das Herz sinkt, denk an den alten Riklein !"

„Und die Bauerntochter in ‚Armer Heinrich'", sagte ich, „die gerne ihr junges Blut gab, um ihren geplagten Herrn vor der Lepra zu retten."

So hatte meine Tante ihr Ziel erreicht; Doch als sie sich bemühte, Ann von ihrem Zuhause und ihrer Verwandtschaft wegzubringen und sie als ihr eigenes Kind im Wald zu behalten – wozu Meister Pernhart und seine Mutter ihre Zustimmung gaben – scheiterte ihr Versuch. Ann war fest davon überzeugt, bei ihrer Mutter und den Kindern zu bleiben, insbesondere bei ihrem taubstummen Bruder Mario. Wenn meine Tante sie jemals brauchen sollte, brauchte sie ihr nur zu befehlen, und sie würde gerne noch heute zu ihr gehen, wenn sie es wünschte; Doch um ihre Arbeit ordnungsgemäß zu erledigen – und damit meinte sie, dass sie an Riklein dachte –, musste sie immer mit gutem Gewissen ihren Teil für ihr eigenes Volk tun.

So wurde festgelegt, dass Ann bis zum Ende von Weihnachten und Neujahr in der Waldhütte bleiben sollte, nur wünschte sie sich ein paar Stunden Aufschub, um alle Zweifel aus dem Geist des Magisters zu verbannen. Ich habe angeboten, diese schmerzhafte Aufgabe auf mich zu nehmen; aber sie lehnte dies völlig ab, und wie richtig sie urteilte, wurde bald durch das Verhalten ihres verstoßenen Verehrers bewiesen; insofern er immer hinter ihrer treuen Dienerin her war und sie seine gnädige Arbeitsgenossin nannte. Als sie ihm von ihrem Entschluss erzählt hatte, schwor er fast mit Gewalt, Mönch zu werden und sein Erbe einem Kloster zu überlassen, aber Ann beschwor ihn mit viel Beredsamkeit, dies nicht zu tun, und legte es ihr vor ihm die Gnade, zu leben, um andere glücklich zu machen; Sie überzeugte ihn, sich unserer kleinen Liga anzuschließen, und während er gestand, dass er für das Leben in keiner Weise geeignet sei, versprach sie, dass sie die Armen und Bedürftigen aufsuchen und nur die Hilfe seiner Bildung und seines Geldbeutels beanspruchen würde. Und einige Zeit später schenkte sie ihm einen Almosenbeutel, auf den sie die Worte „Ann, an ihre würdige Arbeitskollegin" eingraviert hatte.

Hier muss ich sagen, dass nicht nur meiner Tante, sondern auch mir die gute Arbeit, auf die die alte Organistin meine Freundin aufmerksam gemacht hatte, wie eine vergebliche Einbildung erschien, wenn sie sie doch dazu gebracht hatte, einen Liebhaber anzunehmen, den sie nicht liebte . Aber als es ein Teil ihres Lebens wurde, frei von jeder Bigotterie oder allzu großem Eifer, und als der alte Musiker uns viele arme Leute kennengelernt hatte, funktionierte es richtig gut und wir konnten vielen helfen , nicht nur mit Geld und Nahrung, aber auch mit gutem Rat und Pflege in großer Not. Wann immer wir uns an den Magister wandten, standen uns seine Tür und sein Portemonnaie offen, und vielleicht ging er öfter, um die Bedürftigen zu besuchen und ihnen zu helfen, als er es sonst getan hätte, insofern er dadurch die Gelegenheit fand, mit seinem gnädigen Herrn zu sprechen. Ihr „Arbeitskollege", ihr Lob zu gewinnen und ihr die Hand zu küssen, was Ann immer gern gewährte, wenn er besonderen Eifer gezeigt hatte.

Wir waren zweifellos eine seltsame vierköpfige Gemeinschaft: Ann und ich, der Organist und Meister Peter, und obwohl wir nicht viel Erfahrung mit den Gepflogenheiten der Welt hatten, wage ich zu behaupten, dass wir mehr Gutes getan und mehr Tränen getrocknet haben als viele andere wohlhabende Abtei.

Zu Neujahr folgte ich Ann in den Wald und half dabei, die Jägertafel „mit klugen Mädchen" zu schmücken; und als sie und ich nach dem zwölften Tag zusammen nach Hause kamen, stellte sie fest, dass der Oberlehrling das Haus ihres Stiefvaters verlassen hatte. Meine Tante hatte nicht nur der alten Dame Magdalena von seinem Fehlverhalten erzählt, sondern auch, dass sein Vater in Augsburg tot war, und so konnte Pemhart ihn nach Hause in die Wohnung schicken, die er geerbt hatte, ohne ihn zu blamieren. Doch danach wagte er es, in einem recht fair geschriebenen Brief für Ann zu klagen, worauf sie ihm in einer nicht minder fair geschriebenen Antwort „Nein" sagte .

Kapitel XVII.

Ein nachdenkliches Gehirn könnte nie aufhören, sich über die Wunder zu wundern, die bei jedem Schritt und jeder Wendung geschehen, wenn nicht durch gründliches Nachdenken bewiesen würde, dass seltsame Ereignisse nicht weniger notwendige und häufige Glieder in der Kette unserer Lebenserfahrungen sind als alltägliche und alltägliche Ereignisse Dinge; Deshalb überlassen wir das bloße Staunen über Dinge, die für unsere Erfahrung neu sind, größtenteils Kindern und Narren. Und dennoch kam mir oft die Frage in den Sinn: Wie konnte eine Frau, deren Herz so am rechten Fleck war wie das meiner Tante, ihren einzigen Sohn wegen einer ungleichen Beziehung verstoßen und sich trotzdem mit aller Macht dafür einsetzen? alle Hindernisse beseitigen, die einem weiteren solchen Ungleichgewicht im Wege stehen.

Dies brachte mir tatsächlich andere, nicht weniger Wunder in den Sinn. Wenn ich sie also nach Anns Heimkehr in Pernharts Haus besuchte, traf ich sie oft bei der alten Dame sitzen, die ihr viele Dinge erzählte, und zwar diese wirklich geheimen Dinge. Als ich Ann einmal mit der alten Frau traf, der sie früher so fremd gewesen war, saßen sie zusammen im Fensterrahmen, die Arme umeinander gelegt, und blickten einander mit liebevollen, aber tränenreichen Augen ins Gesicht. Mein Eintritt störte sie; Dame Magdalena hatte ihrem neuen Liebling viele Dinge über die Jugendzeit ihres Sohnes erzählt, und es war deutlich zu sehen, dass sie sich über diese Erinnerungen an die besten Tage ihres Lebens freute, als ihre beiden guten Jungs jemals an der Spitze ihrer Schule gestanden hatten . Ihr Ältester hatte es in der Tat so gut gemacht, dass der Oberbischof von Bamberg persönlich ihren verstorbenen Ehemann dringend gebeten hatte, ihn zum Priester zu ernennen. Dann hatte der Vater Ulman für sich selbst in die Lehre gegeben und den Ältesten, der sonst das Wohnhaus und die Schmiede hätte erben sollen, dem Dienst der Kirche gewidmet, woraufhin er schon bald zu großer Würde aufgestiegen war.

Sicherlich hörte niemand so gut zu wie Ann, die all diesen Geschichten mit offenen Ohren lauschte, und es tat der alten Dame Magdalena gut zu sehen, wie sich die Magd zufrieden mit der Hauswirtschaft beschäftigte; aber ihre veränderte Meinung hatte noch eine andere Ursache. Meine Tante hatte eine edle Tat reiner menschlicher Güte, echter und wahrer christlicher Nächstenliebe vollbracht, und der helle Strahl dieser Liebe, der ihren schwachen Körper hinaus in die Winterkälte und zur Behausung ihres Feindes ziehen konnte, warf sein Licht auf diese beiden Wunder auf einmal. Dies war es, was die hochgeborene Dame dazu veranlasst hatte, alle Eitelkeiten und Torheiten, in denen sie aufgewachsen war, beiseite zu werfen, um ein junges und unterdrücktes Geschöpf, das ihr wirklich am Herzen lag, vor einem bösen Schicksal zu schützen. Ja, und dieser Sonnenstrahl hatte sein Licht weit und breit in das Haus des Kupferschmieds geworfen und erleuchtete auch Ann, so dass sie nun die alte Hausmutter in einem neuen Licht sah.

Wenn der Alleredelste und Anbetungswürdigste es für würdig erachtet, aus reiner Liebe zu einem Mitgeschöpf ein großes Opfer zu bringen, wird er dadurch gleichsam geadelt; es öffnet Wege, die vorher verschlossen waren; und so ging es dem Herzen der alten Dame Magdalena, die nun plötzlich daran dachte, dass sie in Ann alles wiederfand, was sie an ihrer geliebten Enkelin Gertrude verloren hatte.

Nie waren Ann und ich engere Freunde gewesen als in diesem Winter, und zu vielen Dingen, die uns verbanden, kam nun noch ein weiteres hinzu – ein süßes Geheimnis, das mich dieses Mal betraf und das uns, seltsamerweise zu sagen, noch einander näher brachte.

Die Wochen vor der Fastenzeit standen vor der Tür; Ann nahm jedoch an keinen Vergnügungen teil, obwohl sie jetzt ein gern gesehener Gast war, da ihr Stiefvater Mitglied des Gottesdienstes war. Nur einmal gab sie meinem Flehen nach und ging mit mir zu einem Tanz in einem Adelshaus; aber während ich merkte, dass es ihren fröhlichen Seelenfrieden störte, störte ich sie nicht mehr, obwohl sie mit herzlichem Respekt behandelt wurde, und zog mich ihr zuliebe einigermaßen von solchen Fröhlichkeiten zurück.

Nach Ostern, als die Frühlingsflut bereits blühte, ging auch meine Seele hinaus, um Freude und Fröhlichkeit zu suchen, und jetzt werde ich von dem neuen Wunder erzählen, das in meinem Herzen Erfüllung fand.

Kaisers Sigismund gegeben werden , der gekommen war, um mit Seiner Hoheit dem Kurfürsten und dem Stadtrat über die im Sommer in Regensburg stattfindende Ständeversammlung zu verhandeln, die auf Wunsch stattfand von Theoderich, Erzbischof von Köln. Der berühmte Chef dieser Botschaft, Herzog Rumpold von Glogau in Schlesien, war als Gast in einem Haus empfangen worden, in dem der älteste Sohn im selben Frühjahr aus Padua und Paris heimgekehrt war, wo er die Würde eines Kirchen- und Kirchendoktors angenommen hatte Er war es, der mein junges Herz zum ersten Mal zur wahren Liebe bewegte.

Als Kind hatte ich Hans Haller wenig Beachtung geschenkt, da er ein so viel älterer Junge war, dass er die kleine Margery übersah und sich keineswegs für sie interessierte wie Cousin Götz ; so kam er mir wie jemand Neues und Fremdes vor.

Er hatte fünf Jahre lang in anderen Ländern gelebt, und als ich zum ersten Mal in seine ehrlichen Augen sah, kam mir der Gedanke, dass die Magd, die er zur Frau wählen sollte, in einer glücklichen Stunde geboren wurde.

Aber jede Mutter und Tochter von Patrizierstand dachte zweifellos das Gleiche; und dass er mich, die übermütige, hastige Margery, jemals an seine Seite ziehen würde, war mehr, als ich zu erwarten wagte. Doch insgeheim konnte ich nicht anders, als zu hoffen; denn bei unserem ersten Wiedersehen schien er sehr erfreut und erstaunt darüber gewesen zu sein, dass ich so beliebt war, und ein paar Tage später, als sich viele junge Leute im Haus der Hallers versammelt hatten , sprach er eine ganze Weile und sehr freundlich bei mir im Besonderen. Es war auch nicht so, als wäre ich ein unreifes Kind , wie diese jungen Herren uns Mägde unter zwanzig zu schätzen pflegen — nein, als wäre ich ihm ebenbürtig.

Und so hatte er alles ans Licht gebracht, was in meiner Seele verborgen lag. Ich hatte ihm in allen Punkten frei und gerne geantwortet; Dennoch hatte ich in der Zwischenzeit darauf geachtet, mir keine unbedachte Rede entgehen zu lassen, da ich es für einen kostbaren Gefallen hielt, in der Meinung eines so edlen und gelehrten Herrn gut zu stehen.

Und als es Zeit zum Aufbruch war, hielt er meine Hand und drückte sie; und als er mich in meinen Umhang hüllte, sagte er mit leiser Stimme, dass es ihm zwar schwergefallen sei, sich in unserer kleinen Heimatstadt wieder heimisch zu machen, aber jetzt, wenn ich wollte, könnte ich Nürnberg so teuer machen — nein, es war ihm teurer als je zuvor; und das heiße Blut kochte in meinen Adern, als ich flehend zu ihm aufblickte und ihm befahl, mich nie auf diese Weise zu verspotten.

Aber er antwortete von ganzem Herzen, dass es ein heiliger Ernst sei und dass ich, wenn ich ihm und ihm ein Zuhause zu einem der glücklichsten der Menschheit machen wollte, ihm gehören müsse, denn in allen Ländern der Erde habe er nichts gesehen Er war ihm so lieb wie das Kind, das er zu einem so süßen Mädchen herangewachsen hatte, und, sagte er, wenn ich ihn nie so wenig lieben würde, würde ich ihm nicht ein kleines Zeichen geben.

Ich sah ihm in die Augen, und mein Herz war so erfüllt, dass ich kein anderes Wort mehr sagen konnte als seinen Vornamen „Hans", während ich ihn bisher immer Meister Hailer genannt hatte. Und es kam mir vor , als würden alle Glocken der Stadt zusammen ein fröhliches Geläut erklingen lassen; und er verstand sofort die Absicht meiner kurzen Antwort und murmelte mir liebevolle Worte ins Ohr. Dann ging er mit mir und Cousine Maud nach Hause; Und es schien mir, als hätten die verehrten Mütter unter unseren Freunden, die meine Einsamkeit als mutterloses Dienstmädchen so sehr beklagten, mich noch nie mit so wenig Freundlichkeit betrachtet wie an jenem Abend, den die Liebe so gesegnet gemacht hatte.

Am nächsten Morgen war die Nachricht in aller Munde, dass ein neues Paar den Bund fürs Leben geschlossen hatte und dass die drei Chevronells der Hallers mit den drei Links der Schoppers einquartiert werden sollten .

Ann war die erste, die von meinem Glück erfuhr, und während sie bis dahin fest entschlossen war, die großen Tänze der Oberschicht zu meiden, solange sie unverheiratet war, tat sie dieses Mal unseren Willen, denn sie hatte keine Lust, etwas zu verderben Ich freue mich über ihre Abwesenheit.

So hatte auch die Liebe bei mir Wohnung genommen; und mir kam es vor wie ein schöner, stiller, blühender Morgen im Wald. Eine reine, vollkommene und friedliche Freude hatte sich in meiner Seele geöffnet, eine Sichtweise, die allen Dingen weit und breit Süße und Herrlichkeit verlieh, und freudige Dankbarkeit dafür, dass alles so gut war.

Als ich an jenen Morgen zurückdachte, als Ann an Herdegens Brust geflogen war, und als ich mich an den Aufruhr der Leidenschaft erinnerte, von dem ich in vielen Gedichten und Liebesgeschichten gelesen hatte, befürchtete ich, dass ich von etwas anderem als dem geträumt hatte Das erste Aufblühen der Liebe in meinem Herzen, dass ich eine wilde und glühende Flamme, eine brennende Angst, ein wildes und stürmisches Fieber zu spüren schien. Und doch, als es über mich gekommen war, dachte ich, es wäre besser; Obwohl die Sonne meiner Liebe nicht in scharlachrotem Feuer aufgegangen war, war sie weder klein noch kühl; das Bild meiner lieben Mutter war allgegenwärtig bei mir; und dachte, dass die Liebe, die ich empfand, so rein und gerecht war, als ob sie aus ihrem himmlischen Zuhause über mich gekommen wäre.

Und wie liebevoll und herzlich war der Empfang, den mir die Eltern meines Geliebten bereiteten, als sie mich in ihrer edlen Wohnung empfingen, mich ihre liebe Tochter nannten und mir alle Schätze zeigten, die das Haus der Hallers enthielt . In diesem schönen Haus mit seinen weiten, schönen Gärten – einer wahrhaft herrschaftlichen Wohnung, für die so mancher Fürst gerne sein Schloss und sein Jagdgrundstück eingetauscht hätte – sollte ich als Frau und Geliebte zur Rechten der Mutter meines Hans regieren , dessen freundliches und würdevolles Gesicht mir wirklich sehr gefiel und von dessen freundlichen Lippen ich als Waise so froh war, „Kind" und Tochter genannt zu werden. Sein verehrter Vater und seine jüngeren Brüder lagen mir auch nicht weniger am Herzen. Ich sollte Mitglied – ja, als Frau des ältesten Sohnes, das weibliche Oberhaupt – einer der höchsten Familien der Stadt werden, einer Familie, deren Söhne an der Regierung beteiligt sein würden, solange es einen Stadtrat gab in Nürnberg.

Mein Geliebter war tatsächlich kurz nach seiner Heimkehr zum Sitz im Kleinen Rat gewählt worden, da er kein Junge mehr, sondern fast dreißig Jahre alt war. Und seine Manieren entsprachen seinen Jahren; würdevoll und bescheiden, aber fröhlich und voller der aufgeschlossenen Begeisterung eines jungen Mannes für alles, was über das Vulgäre hinausging. Mit ihm könnte ich, wenn überhaupt mit irgendeinem Mann, mit Sicherheit alles werden, was ich werden wollte; und könnte ich nur lernen, mein feuriges Temperament zu beherrschen, könnte ich hoffen, den Wegen seiner Mutter zu folgen, die er über alle anderen Frauen schätzte. Der große Tanz, den ich bereits erwähnt habe und zu dem Ann mit uns kommen wollte, war der erste, zu dem ich mit meinem geliebten Hans gehen sollte. Der ehrwürdige Rat hatte darauf geachtet, zu Ehren der Gesandten des Kaisers seine ganze Tapferkeit zur Schau zu stellen ; Sie hatten sich tatsächlich mit dem Burgpolizisten, dem Kurfürsten, verbündet, um alles in ihrer Macht stehende zu tun, damit die Versammlung nicht in Regensburg, sondern in Nürnberg stattfand, und zu diesem Zweck war es notwendig, die Gunst der Botschafter zu gewinnen .

Alle Patrizier und Jugendlichen der guten Stadt versammelten sich im Rathaus und der Beginn des Festes war ein purer Genuss. Die Gäste waren in der Tat erstaunt über den Reichtum unseres großen Saals und städtischen Schatzes, ebenso wie über die tapfere Kleidung und die großartige Juwelenschau, die die Herren und Damen trugen.

Es waren sechs Gesandte, und an ihrer Spitze stand Herzog Rumpold von Glogau ; aber unter den Rittern, die ihn begleiteten, brauche ich nur den Baron Franz von Welemisl zu nennen , der um meinetwillen im Waldgarten so schwer verletzt worden war, und einen Junker der Altmark , mit Namen Henning von Beust , Sohn eines von ihnen rebellische Häuser, die gegen die Bräuche, Gesetze und Rechte auf den Marken kämpften, wie sie unser Lord Constable, der Kurfürst, forderte.

Baron Franz war nun Kammerherr des Kaisers und litt, obwohl er tatsächlich von seinen Wunden geheilt war, unter einem schlimmen Husten. Dennoch konnte er sich der gleichen edlen und ritterlichen Erscheinung rühmen wie früher, und sein blasses Gesicht, blasser als ich es je gekannt hatte, unter seinem glatten schwarzen Haar und mit dem schwachen Klang seiner sanften Stimme gingen so manchem Mädchen ins Herz ; auch sein prächtiges schwarzes Kleid, das mit feinen Edelsteinen glitzerte, stand ihm gut.

Als er schließlich sah, dass Hans und ich ein glückliches Liebespaar waren, tat er so, als ob sein Herz zu Tode geschlagen wäre; aber ich erkannte bald, dass er sich trösten konnte und dass er Ursula Tetzel die Liebe, die er mir einst gestanden hatte, mit noch größerer Steigerung entgegengebracht hatte. Sie war bereit genug, ihn mit ihr schlafen zu lassen, und ich wünschte dem dunkelhäutigen Höfling alles Gute mit der Jungfrau.

Ein Tanzsaal ist in allen Ländern sozusagen ein Fischtopf für Herren vom Hof, und kaum war der Junker Henning von Beust hereingekommen, begann er zu angeln; und während der Köder von Sir Franz Melancholie und Trauer war, strebte der Junker danach, die Herzen durch bloße Fröhlichkeit und kühnes Benehmen zu gewinnen.

Mein Geliebter selbst hatte ihn zu meiner Gunst empfohlen, weil der Herr unter dem Dach seiner Eltern wohnte; und er, ich und Ann hatten in den vergangenen zwei Tagen viel Freude an seiner unbeschwerten und aufgeschlossenen Freundlichkeit gehabt. Nichts In der Tat konnte man fröhlichere Menschen sehen als diesen rothaarigen jungen Edelmann in buntem Gewand, mit spitzen Muscheln um den Hals und an den Armlöchern, die bei jeder Bewegung flatterten und mit vielen kleinen Glöckchen, die fröhlich funkelten. Licht und Leben strahlten aus den blauen Augen dieses fröhlichen Jugendlichen. Er hatte noch nie an einer Schulbank gesessen; Während unsere Jungs in ihren Büchern gebrütet hatten, war er mit seinem Vater auf der Jagd oder im Kampf gewesen oder hatte am Highway auf der Suche nach den beladenen Wagen mit genau diesen „Pfeffersäcken" auf der Lauer gelegen – ein Spitzname für Lebensmittelhändler] – deren guten Wein und schönen Töchter er in ihrem eigenen Rathaus keineswegs verachtete.

Hallerhof in Ann verliebt und nie von ihrer Seite abgewichen, obwohl ich ihm, nachdem ich einige scharfe Worte gehört hatte, mit denen Ursula Tetzel die Magd in seiner Meinung herabsetzen wollte, deutlich erklärte, welchen Stand und welche Herkunft sie hatte .

Darum kümmerte er sich überhaupt nicht; nein, es steigerte seine Freude daran, viel aus ihr zu machen und zu versuchen, ihrem zänkischen Feind den Spaß zu verderben. Es schien, als könnte er nie genug davon haben, mit Ann zu tanzen, und sobald die Stadtpfeifer anstimmten, mit Kornetten, Trompeten, Hörnern und Haut-Boys, Geigen, Sackbutten und Rebecks , dem Rasseln von Trommeln und dem Das Stöhnen der Dudelsäcke, während die Schweizer Pfeifen schrill über dem Klappern der Pauken kreischten, glaubte, die Musik selbst schleuderte ihn in die Luft und brachte ihn wieder zu Boden. Mit seiner freien und fröhlichen Art trug er alle vor sich her, und als plötzlich allen klar wurde, dass er unsere geschicktesten Tänzer übertreffen konnte und ein Meister jeder Art von Tanz war, die an jedem Hof beliebt war, sei es in Brandenburg, in Sachsen, in Böhmen oder am ungarischen Hof unseres eigenen Kaisers Sigismund wurde er schon bald gebeten, uns einige neue Figuren des Tanzes zu zeigen; Er hatte auch keine Abneigung dagegen.

Ja, er ging so weit, dass unsere fränkischen und Nürnberger Adligen ihre Gesichter abwenden mussten, indem er einen so wilden und unziemlichen Tanz begann, dass er selbst für mich zu viel war, trotz meiner Jugend und meiner Freude am schnellen Takt.

Mein Hans, der junge Stadtrat , hatte Freude daran, mich im polnischen Tanz oder mit gebührender Würde in der schwäbischen Figur vorzuführen, hielt sich aber, wie es sich gehörte, vor dem wilden Wirbel des Zigeunertanzes und des „Taubentanzes" zurück ;" und er, und auch ich, widerstanden höflich seinem Gebot, am Totentanz teilzunehmen, wie er in Brandenburg, Ungarn und Schleswig üblich war: Einer muss für tot sein, und wenn er liegt, soll ein anderer kommen, um ihn zu wecken ein Kuss. Dabei verwickelte Junker von Beust , der, wie die Marschmänner sagen, die Tanzleiche war, Ann in ein seltsames Abenteuer. Ann küsste nicht seine Wange, sondern die Luft daneben , und der kühne Schurke, der keine Lust hatte, auf einen so süßen Segen zu verzichten, erklärte ihr nach dem Tanz, dass sie seine Schuldnerin sei und dass er ihr etwas geben würde Keine Ruhe, bis sie ihm das bezahlt hat, was ihm zusteht.

Ann betete höflich zu ihm, er möge ein gnädiger Gläubiger sein und die Zahlung dessen erlassen, was sie tatsächlich versäumt hatte, wenn auch wirklich aus keinem bösen Willen. Und obwohl er keineswegs zustimmte, wurde der Streit von den anderen Anwesenden und Jörg aufgenommen Löffelholz hatte die Idee, ein Liebesgericht abzuhalten, um den Fall zu entscheiden.

Dies stieß auf laute Zustimmung, und obwohl ich und mein lieber Hans und einige andere mit uns protestierten, saßen die Mädchen jetzt im Kreis und Jörg Löffelholz , der zum Vorsitzenden gewählt wurde, bat jeden, das Urteil zu fällen. So war Ursula Tetzel an der Reihe, und sie blickte sich zu Junker Henning um, oder wann auch immer sie sprach, und sagte mit einem stolzen Schwung ihrer roten Lippen, dass sie dazu keine Meinung sagen könne, da sie nur wüsste, was jungen Mägden zusteht edle Geburt.

Darauf antwortete der Junker mit einer so hohen und ernsten Würde, wie ich sie bei einem so zerstreuten Kerl nicht erwartet hätte: „Das beste Patent des Adels, schöne Dame, ist das der Magd, der Gott, der Allmächtige, die sanfteste Seele geschenkt hat." und die süßeste Gnade; und in dieser ganzen Versammlung habe ich niemanden gefunden, der mit beidem reicher ausgestattet war als das Mädchen, über das ich im Scherz geklagt habe. Deshalb bitte ich den vorsitzenden Richter dieses Gerichts der Liebe, Sie noch einmal um Ihr Urteil zu bitten. "

Ursula konnte das nicht ertragen; dennoch war ihr Hochmut bereit, sich dem zu stellen. Sie lachte laut und mit scheinbarer Leichtigkeit, als sie ihm hastig antwortete: „Dann, ihr hochmütigen Markherren, lasst es nicht zu, dass es in der Macht des Kaisers liegt, Adelsbriefe zu verleihen, sondern schreibt es allein dem Himmel zu! Eine kühne Meinung. Allerdings." , ich interessiere mich nicht für Politik und werde mein Urteil aussprechen. Wenn es Margery Schopper gewesen wäre , die den Kuss abgelehnt hätte, oder Elsa Ebner oder irgendeiner von uns, dessen Vorfahren Waffen durch die Gnade des Kaisers und nicht durch die Gnade Gottes trugen von den Brandenburgern , ich hätte sie dazu verurteilt, Ihnen statt eines Kusses zwei zu geben, in Anwesenheit von Zeugen; aber insofern es Herrin Ann Spiesz ist , die es gewagt hat, einem edlen Herrn einen Gast der Stadt vorzuenthalten , was wir hochgeborenen Jungfrauen bereitwillig bezahlt hätten, schenke ich ihr unsere Barmherzigkeit, Gnade und die Erlaubnis, als Zeichen der Reue die Hand des Junkers Henning von Beust zu küssen ." Die Worte wurden klar und standhaft gesprochen; Alle schwiegen, und ich muss gestehen, dass ich sie noch nie schöner gesehen hatte, als Ursula dem Junker mit strahlenden Augen und zitternden Lippen antwortete . Man konnte deutlich an ihrem wogenden Busen sehen, wie gerne sie ihrem alten, gehegten Groll freien Lauf ließ; und dass sie in Wahrheit die Magd, die sie bis ins Mark hasste, verletzt hatte, zeigte Ann durch ihre tödliche Blässe. Doch sie fand kein Wort als Antwort; und während Ursula redete, schien es mir in der Fülle meines Zorns und meiner Trauer, als würde eine Wolke vor meinen Augen aufsteigen. Aber sobald sie aufhörte und meine Augen den triumphierenden Blick in ihrem trafen, wurde mein Geist plötzlich wieder klar, und ohne auf die Menge zu achten, die um uns herumstand, trat ich einen Schritt vor und rief: „Wir danken dir alle, Junker; Du hast den würdigeren Teil übernommen; den einzigen Teil, Ursula", und ich blickte ihr streng ins Gesicht, „den einzigen Teil, den ich einer Freundin oder jedem wahren Herzen überlassen würde."

Der Junker verneigte sich und sagte mit einem vorwurfsvollen Blick auf Ursula: „Ich wünschte, ich hätte nie eine schwerere Entscheidung zu treffen!" Daraufhin drehte er ihr den Rücken zu und ging auf Ann zu; aber Ursula lachte wieder laut und rief ihm trotzig nach: „Oh! Möge der Himmel jemals deinen Verstand bewahren, wenn du dich entscheiden musst, und besonders wenn du auf der Landstraße unterscheiden musst, was dir gehört und was anderen gehört." Leute."

Das Blut stieg dem Junker ins Gesicht, und als er mit einer hastigen Geste das wilde Haar auf seiner Lippe zurückstrich, kam es mir vor, als würde er noch genauso aussehen wie damals, als er sich in seinen Sattel erhob, um auf die Wagen unserer Kaufleute zu stürzen; Denn tatsächlich waren es die Beusts mit den Alvenslebens , ihren nahen Verwandten, die vor nicht einmal einem Jahr in der Nähe von Juterbock auf den Wagenzug der Muffels und Tetzels gefallen waren .

Aber so heiß sein Blut kochte, hielt der Junker davon Abstand, indem ihm die ritterliche Höflichkeit verbot, Ursula die gleiche Münze zurückzuzahlen; und als es fiel, wurde Vetter Maud in die Lage versetzt, ihm bei dieser lobenswerten Selbstverwaltung zu helfen . Sie kam mit großen Schritten vorwärts, und in ihren Augen blitzten zornige Drohungen auf, bis es mir vorkam , als wären sie feuriger als die Juwelen in den hohen Federn, die sie auf ihrem Kopf trug. Sie schob die jungen Männer und die Dienerinnen, die den Hof der Liebe bildeten, beiseite, während ein schnelles Schiff durch die kleinen Fische im Wasser schneidet . Ohne zu zögern und ohne Pause ging sie weiter, und sobald sie Ann erblickte, packte sie sie am Arm, strich ihr über Haare und Wangen und warf Ursula ein paar scharfe Worte zu:

„Ich werde gleich mit dir reden!" Dann befahl sie mir, bei Hans zu bleiben und zog sich zurück, Ann mit sich tragend, während Junker Henning ihr nachfolgte und um Vergebung für all die Unannehmlichkeiten betete , die sie seinetwegen erlitten hatte. Dies gewährte Ann gerne und bat uns und ihn gleichermaßen, nicht weiter mit ihr zu gehen.

Als er zu uns zurückkam, rief Ursula, die über die unzufriedenen Blicke, die sie von allen Seiten traf, gekränkt war: „Schon zurück, Herr Junker? Wenn Sie so leichtfertig auf Ihr Recht, mich zu küssen, verzichtet hätten, könnten Sie sicher sein." Ich hätte jeden , der mein Geheiß tun würde, dazu aufgerufen, Sie für diese Verachtung zur Rechenschaft zu ziehen!"

Sie musterte den jungen Adligen mit kühnem Blick, ohne zu bezweifeln, dass er nur auf diese Herausforderung wartete. Er warf seinen Lockenkopf zurück und rief mit funkelnden Augen: „Dann, Herrin, möchte ich Sie wissen lassen, dass ich keinen Kuss von Ihnen annehmen würde, selbst wenn Sie ihn anbieten würden. Ich habe gesprochen – rufen Sie jetzt Ihre Champions herbei." "

Er schwieg einen Moment, dann blickte er sich trotzig zu den Umstehenden um und fuhr fort: „Wenn irgendein hier anwesender Herr einen höheren Preis festlegt als ich, der hochgeborene Henning Beust , Erbe und Herr von Busta und Schadstett , Auf einen Kuss von den Lippen, die meiner schönen Dame mit gehässiger Rede Unrecht getan haben, soll er sich jetzt bücken und meinen Handschuh aufheben. Da liegt er!"

Und er warf es auf den Boden, während Ursula blass wurde. Ihr Blick wanderte von einem zum anderen der jungen Herren, die ihr den Hof machten, und es waren viele – und je länger Stille herrschte, desto schneller atmete sie und desto heißer wurde ihr Zorn. Aber plötzlich war sie ruhig; Ihr Blick war auf Sir Franz von Welemisl gefallen , und alle konnten lesen, was sie von ihm verlangte. Der Böhme verstand sie; er nahm den Handschuh und murmelte achselzuckend dem Junker zu: „Herrin Ursula befiehlt mir!"

Ein schmerzerfüllter Ausdruck huschte über das fröhliche Gesicht des tapferen Jünglings, da der junge Ritter und er bisher in guter Freundschaft gestanden hatten, und er antwortete hastig: „Nein, Herr Ritter; ich hätte ohne weiteres die Schwerter mit Ihnen gekreuzt, oder Sie hätten es jemals getan." Ich habe den Stich schwäbischen Stahls gespürt; aber jetzt bist du noch nicht wieder ganz du selbst, und mit einem kranken Freund zu kämpfen ist gegen die Herrschaft meines Landes.

Die Worte kamen aus einem gütigen und ehrlichen Herzen, und ich sah in Sir Franz' Gesicht, dass er wusste, dass ihre Absicht wahr war; aber als er seine Hand ausstreckte, um die des Junkers zu ergreifen, warf Ursula voller Verachtung den Kopf zurück. Sir Franz änderte hastig seine Miene und rief: „Dann werden Sie gut daran tun, gegen die Herrschaft Ihres Landes vorzugehen und gegen den Verfechter der Dame zu kämpfen, die Sie beleidigt haben."

Hier hatte der Streit ein Ende, denn Mylord der Herzog, der Leiter der Gesandtschaft, kam, als er die wilde Stimme des Brandenburgers hörte , eilig vom Abendessen herbei, um den Frieden wiederherzustellen; und als er den Junker wegführte, war es für alle klar, dass er ihn scharf zur Rede stellte. Es war in Wahrheit eine verbrecherische Tat, dass einer der kaiserlichen Gesandten bei einem Tanz, bei dem er Gast einer friedlichen Stadt war, seinen Handschuh ablegte; und dass der Herzog keine strenge Strafe dafür verhängte, konnte der Junker den anwesenden verehrungswürdigen Ratsmitgliedern danken; Sie waren allerdings bereit, es gut zu lassen, da es ihnen am Herzen lag, die ganze Gesellschaft mit Nürnberg zufrieden wieder nach Hause zu schicken.

Bald erklang die Musik wieder fröhlich im feierlichen Rathaus, und von all den jungen Leuten, die so fröhlich tanzten, lachten und plapperten, war Ursula die Letzte, die erkennen ließ, wie sehr ihr Verschulden dieses große Fest gestört hatte. Ihre Augen leuchteten vor freudiger Zufriedenheit, und sie war Sir Franz gegenüber so freizügig, dass es schien, als würden sie als unglückliches Paar das Rathaus verlassen.

Das Fest neigte sich dem Ende zu, und als ich den letzten Tanz getanzt hatte und mich umsah, sah ich zu meinem Erstaunen Ursula Tetzel, die mit Junker Henning eifrig redete. Auf dem Heimweg teilte mir der junge Herr mit, dass sie ihm zu verstehen gegeben habe, dass er während der Sitzung der kaiserlichen Versammlung möglicherweise von einem edlen jungen Mann bedient werde, der aus Pflichtgefühl ihr gegenüber seinen Handschuh in die Hand nehmen und sich beweisen werde Ihm war klar, dass es andere als kranke Kämpfer gab , die bereit waren, das Schwert für sie zu ziehen.

Der Brandenburger hätte gern gewusst, mit wem er es zu tun haben würde; aber ich schwieg, obwohl ich sicher war, dass Ursula ihre Hoffnungen auf niemand anderen als meinen Bruder Herdegen gesetzt hatte .

Am nächsten Morgen ritt die gesamte Gesandtschaft der Botschafter zurück zum Hof des Kaisers; Ich für meinen Teil machte mich auf den Weg zu den Pernharts , wo ich Ann eher erstaunt als wütend oder verzweifelt über

Ursulas Basisangriff vorfand. Außerdem sollte sie einige Wiedergutmachungen erhalten; Mein lieber Pate, Onkel Christian, hatte zusammen mit einigen anderen Herren des Rates dem alten Tetzel mitgeteilt, dass er Ann und ihren Stiefvater um Verzeihung für die hochmütige und rücksichtslose Rede seiner Tochter bitten müsse.

Der stolze und mürrische alte Mann musste sich dieser Buße ohne weiteres unterwerfen, denn Pernhart war seit der Zeit des Heiligen Walpurgis Mitglied des Rates und hatte mit seiner Familie Anteil und Anteil am Patrizierfest. Denn obwohl Handwerker und Kleinhändler ausgeschlossen waren, genossen die von den Zünften gewählten ehrwürdigen Ratsmitglieder die gleichen Rechte wie diejenigen, die in diesem hohen Rang geboren wurden.

Es war nur ein Zufall, dass der Kupferschmied gestern nicht im Rathaus gewesen war, und als er und seine Frau später am Tag dort erschienen, gehörten sie zu den besten der älteren Paare. Ann ging tatsächlich nicht mit ihnen; aber es war weder Ärger noch Kummer, der sie zu Hause hielt. Meine große Freude wärmte sie gleichsam, und wir erwarteten Herdegens baldige Heimkehr.

Sie erwartete dies mit so fester Hoffnung, dass sie mich mit Ängsten erfüllte, als ich an die Briefe meines Bruders dachte, in denen er nie etwas anderes zu erzählen hatte als vergebliche Vergnügungen und Zeitvertreibe.

Meine Verlobung mit Hans Haller war nach seinem Herzen; er schrieb von ihm als von einem Mann, dessen Gaben und Geburt meiner würdig waren; und fuhr fort, dass er seinem Beispiel folgen würde, und obwohl er bei der Suche nach einer Braut auf die Liebe verzichtet hatte, würde er sich auf seinen Kopf und nicht auf sein Herz verlassen und unser altes Wappen mit einem nicht weniger Edle vierteln .

Kapitel XVIII.

Obwohl mich Anns hoffnungsvolle Stimmung beunruhigte, hoben dieselben Hoffnungen in meine weltgewandte Tante Jacoba meinen Geist; Aber als ich hörte, wie mein Großonkel von Herdegen als seinem unterwürfigen Sohn sprach, fiel die Stimmung genauso tief wie zuvor. Der alte Mann hatte sich sehr über meine Bitte um Hans gefreut und mir zur Hochzeit ein kostbares Paar Rubine geschenkt; Dennoch konnte ich mich kaum an ihnen erfreuen, denn er sagte mir an Ort und Stelle, dass er Ähnliches für das edle Mädchen vorhabe, das Herdegen heiraten sollte.

Cousine Maud war in großer Wut, als sie erfuhr, dass wir schon jetzt vorhatten, Ann und Herdegen zusammenzubringen; Dies hielt sie jedoch nicht davon ab, so freundlich zu Ann zu sein, wie sie es immer zu sein pflegte, und sie mit großen und kleinen Geschenken zu erfreuen, wann immer sie konnte. Sie hatte ihre eigenen Gedanken, die die Treulosigkeit meines Bruders berührten. Sie betrachtete es als einen Triumph edlen Blutes über die Sehnsüchte seines Herzens; und je mehr sie es liebte, gut an ihren Liebsten zu denken, desto mehr Trost fand sie in dieser Interpretation.

Zu den wenigen, die von seiner Verlobung mit Ann gewusst hatten, gehörte die Witwe des Bienenmeisters, Dame Henneleinlein ; und sie hatte sich in der Hoffnung, bald mit einer adligen Familie verwandt zu sein, so glücklich wiegte, dass der Untergang ihr Herz mit bitterer Wut erfüllte, und in allen Häusern, in denen sie ihren Honig trug, versäumte sie es nie, Herdegen zu verleumden .

Das alles hätte mich nie beunruhigt, wenn ich mich nur über die Gegenwart meiner lieben Geliebten gefreut hätte; aber leider! Nicht mehr als drei Wochen nach unserer Verlobung wurde er als Knappe zu Meister Erhart geschickt Schurstab ging an den Hof, wo sie Kaiser Sigismund im Namen Nürnbergs die verschiedenen Hindernisse auf dem Weg zu unserem Handel mit Venedig vorlegen sollten , während Seine Majestät seit dem letzten Krieg diesem Großen und Berühmten äußerst ablehnend gegenübergestanden hatte Stadt.

Es gab kein Heilmittel außer Geduld; Mein Geliebter schrieb mir oft, und seine liebevollen Briefe hätten mich mit Freude erfüllt, wenn nicht in jedem einzelnen jemals eine traurige Nachricht von Junker Henning gewesen wäre, den ich noch immer sehr schätzte. Dieser junge Lord, der im Dienste Seiner Majestät war – der seinen Hof nie länger als ein paar Tage am selben Ort hielt – oder jemals Wien verließ, um nach Regensburg zu gehen, hatte eine enge Freundschaft mit meinem geliebten Herrn geschlossen, und das auch war ihm in allen Dingen nützlich, die er konnte; und Hans hatte von ihm gesagt, er sei jemand, bei dem es keine Arglist gebe, mit dem offenen Herzen und der fröhlichen Laune eines Kindes. So einer gehörte tatsächlich ihm; doch mitten in der fröhlichsten Heiterkeit überkam ihn sein tiefster Kummer so gewaltig, dass er plötzlich in Trübsinn verfiel; und aus tiefstem Kummer gestand er Hans, dass er nie aufhören könne, an Ann zu denken. Daraufhin kam meine liebe Geliebte zu dem Schluss, dass es seine traurige Pflicht sein musste, seinem Freund zu sagen, dass die Dame seiner Wahl kein freies Herz hatte, das er ihm geben konnte. Doch auf die Frage des Junkers, ob sie mit einer anderen verheiratet sei und ob er sie heiraten wolle, musste Hans in Wahrheit Nein sagen. Das gab dem liebeskranken Jüngling neuen Mut, und schließlich ging er so weit, dass Hans mich fragte, ob Ann nicht doch bereit sei, Herdegen , der es von ihr verdient hätte, aufzugeben und Mitleid mit so tapferen und tapferen Menschen zu haben wahrhaftiger Liebhaber wie der Junker.

Darauf konnte ich keine andere Antwort geben als: „Niemals – niemals." denn nachdem sie Ann diesen Brief gezeigt und darüber hinaus lautstark das Lob ihres Verehrers gesungen hatte, fragte sie mich ganz traurig, ob ich es leid sei, ihr ihre Liebe zu meinem Bruder zu bestätigen; und als ich dies eifrig leugnete, rief sie: „Und du kennst mich gut! Und du musst wissen, dass nichts auf Erden – weder du noch Herrin Jacoba noch ganz Nürnberg – mein Herz von meiner Liebe abbringen könnte!"

Dies habe ich sofort an Hans geschrieben; aber dieser Brief erreichte ihn nie, und so wurde er von der schweren Pflicht befreit, dem Junker seine letzte Hoffnung zu rauben.

Ach, mein Hans! Wie sehr sehnte ich mich jede Stunde nach dir! Und doch werde
ich mich jemals mit Dankbarkeit an den Monat Juni dieses Jahres erinnern.

Tag für Tag saßen wir Jungfrauen im Garten der Hallers , denn Hans' würdige Mutter hatte Ann bald in ihr Herz geschlossen, und es wurde mir bald eine Angst, ihre seltene Schönheit könnte seinem jüngeren Bruder Paulus den Kopf verdrehen wahrscheinlich ein neunzehnjähriger Junge. Als der Sommer immer heißer wurde, gingen wir auf Geheiß meines Onkels und meiner Tante in den Wald, die sich sehr darüber freuten, ihre Liebling mit gutem Herzen und wunderbarer Schönheit zu sehen, nachdem Herrin Giovanna sie mit angemessener und tapferer Kleidung ausgestattet hatte. Auch an guter Gemeinschaft mangelte es nicht; Viele junge Adlige leisteten uns Gesellschaft, und während die Stadt voller illustrer Gäste war, fanden viele von ihnen den Weg hinaus in den Wald.

Dies lag daran, dass die Kurfürsten und die anderen Herrscher des Reiches, allen voran unser Oberbefehlshaber, tatsächlich erklärt hatten, dass die große Versammlung in Nürnberg und nicht in Regensburg stattfinden sollte; und als sie alle in unserer guten Stadt versammelt waren, wollte Kaiser Sigismund, nachdem er fünf Tage in Regensburg gewartet hatte, ihnen endlich, ob nun oder nicht , hierher folgen. Dann waren seine Kammerherren vor ihm hergeschickt worden, und unter ihnen befanden sich wiederum Herzog Rumpold von Glogau und Junker Henning von Beust , während Seine Majestät meinen Hans ruhig um seine Person hielt. Als nun die Vorläufer des Kaisers ihre Pflichten erfüllt hatten, wurden sie ebenfalls in die Waldhütte eingeladen; und mit ihnen kamen der Herr von Eberstein und ein italienischer Conte, Fazio di Puppi , beide gut im Gesang und in der Laute. Doch war mein Bruder Herdegen noch immer abwesend, obwohl wir ihn zu Pfingsten gesucht hatten.

Cousine Maud blieb zu Hause, wo noch viel zu tun war, um der edlen Gesellschaft, die im Schopperhof untergebracht werden sollte, gebührende Freude zu bereiten ; ja, das alte Haus sollte außen mit einem festlichen Gewand geschmückt werden, im Gehorsam gegenüber der Anweisung des Stadtrates, dass jeder Bürger sein Möglichstes tun sollte, um sein Haus zu reinigen und zu schmücken, damit es den Augen Seiner Majestät erfreute Kaiser.

Gegen Abend am Tag des Heiligen Liborius – [23. Juli] – kam mein Herr, der Herzog, zu Pferd zur Waldhütte, und während ich schreibe, kann ich das strahlende Gesicht von Junker Henning sehen, als er Ann begrüßte; Sie nahm sein ergebenes Auftreten jedoch kühl und höflich auf, konnte ihn jedoch nicht daran hindern, sich übertrieben zwischen sie und die anderen Herren zu stellen. Die Gesellschaft war groß für uns zwei Mädchen, und außer Elsa Ebner, unserer liebsten Schulkameradin, und ihrem jungen Meister Jörg war keine andere bei uns Löffelholz hatte den Blick gesenkt.

Nicht lange nach dem Abendessen kam Akusch mit der Nachricht zu mir, dass Herdegen gestern Abend nach Nürnberg geritten sei. Mein Großonkel, dem er seine Ankunft angekündigt hatte, war ihm unterwegs entgegengegangen, und mit ihm Jost Tetzel und seine Tochter Ursula. Mein Bruder war heute früh am Haus von Im Hoff ausgestiegen und hatte auf Cousin Maud gewartet. Am Nachmittag hatte er vor, mit Erlaubnis meines Onkels in den Wald zu kommen, um mich zu besuchen.

Jacoba das alles erzählte , war sie sehr beunruhigt und forderte mich auf, Ann beizustehen und in allen Punkten den Ratschlägen zu gehorchen, die sie ihr vielleicht für gut halten würde. Sie wünschte, ich würde meine Freundin am 23. Juli zu ihr abholen. Sofort machten wir einen Plan für alle jungen Leute, in den schönen Garten eines bestimmten Imkers, eines gewissen Martein , zu gehen, wo Blumen in großer Menge wuchsen und wo wir die Kränze wickeln konnten, die Onkel Christian zieren musste die Gemächer der Kaiserin. Dorthin, sagte sie, würde sie Herdegen schicken, wenn er käme; denn sie wusste genau, dass die von Akusch überbrachte Nachricht nicht verborgen bleiben konnte.

Während Ann etwas blasser wurde, schüttelte meine Tante unzufrieden den Kopf und ermahnte sie, ruhig zu bleiben; Obwohl sie gegen diesen wilden Jugendlichen Anklagen erheben musste, musste sie diese vorerst für sich behalten. Am allerwenigsten durfte sie ihn glauben lassen, dass seine Treulosigkeit ihr bitteren Kummer bereitet hatte; Wenn sie wollte, dass die Dinge richtig enden, musste sie sich verpflichten, den Heimkehrer nur freundlich zu empfangen und sie zu erniedrigen, als ob seine Verleugnung sie nur leicht berührt hätte; ja, als ob es ihrer Eitelkeit eine Freude wäre, vom brandenburgischen Junker und anderen Edelherren umworben zu werden. Wenn sie ihn nur scheinbar als minderwertig einschätzen könnte als einen von beiden, hätte sie einen großen Teil des Sieges errungen.

Solche Subtilität hatte für Ann keinen Reiz; Doch meine Tante ließ ihren Zweifeln keinen Raum, und wieder einmal überzeugte ihre drängende Beredsamkeit die traurige Magd, die Sehnsucht ihrer Seele zu beherrschen; und als ich meiner Freundin versprach, sie zu unterstützen, gab sie der weisen Dame, die ihr so deutliche Beweise ihrer hingebungsvollen Freundschaft gezeigt hatte, ihr Wort, dass sie ihr in jedem Punkt gehorchen würde.

Oftmals haben wir in den Nürnberger Kirchen gewisse Aufführungen von Theaterstücken gesehen, in denen recht ehrliche und würdige Personen als Judas Iskariot oder sogar als der Teufel selbst auftraten; und in Venedig habe ich ebenfalls solche Stücke gesehen, die dort Boinbaria genannt werden , in denen Männer und Frauen, unschuldig jeder Schuld, für Verleumdung, Grausamkeit und List stehen mussten; und das so listig, dass man schwören könnte, dass es sich um verwerfliche Schurken handelte, die für den Galgen bereit waren. Daraus lässt sich erkennen, dass Männer fit und in der Lage sind, anders zu wirken, als sie von Natur aus sind; Ja, solche Vortäuschungen bereiten den meisten Menschen Freude, wie wir deutlich an der Freude sehen, die Groß und Klein gleichermaßen an der Mumienfeier zur Karnevalsflut empfinden. Allerdings können sie sich kaum für einen solchen Sport begeistern; und ich für meinen Teil denke , dass es eine der härtesten Aufgaben ist, die einer reinherzigen und ehrlichen Magd auferlegt werden kann, eine solche Rolle zu spielen, wie sie meine Tante Ann vorgestellt hatte. Zu diesem Zeitpunkt war mir nicht klar, was das Ende dieser voreiligen Kleinigkeiten war; aber jetzt, wo ich die Menschen besser kenne, scheint es mir, dass es gut durchdacht war und seine Absicht nicht verfehlen konnte, obwohl der Verlauf der Ereignisse mir klar machte, wie wenig die Gedanken und Pläne der Weisesten nützen können, wenn der Himmel anders regiert.

Die Herren im Saal waren mehr als bereit, unserem Gebot zuzustimmen; doch niemand, außer ich konnte erraten, was Anns Lippen von Zeit zu Zeit zum Zittern brachte, während ihr fröhlicher Geist die jungen Männer bezauberte, die uns durch den Wald zum Garten des Imkers begleiteten.

Jörgs Hilfe die Blumen geschnitten Löffelholz , während Ann unter einer schattigen Linde neben einer Geißblattlaube saß und es den anderen zeigte, die um sie herum im Gras lagen; wie man eine Girlande aufwickelt. Jeder war bereit, von so süßen Lippen belehrt zu werden, und beim Führen der Finger und Worten des Lobes oder Tadels gab es richtig fröhliches Lachen, Geschwätz und Zeitvertreib.

Junker Henning lag ihr zu Füßen, neben ihm der Bruder meines Hans, Paulus, und der junge Meister Holzschuher . Der Ritter von Eberstein hatte ihm aus dem Imkerhaus einen Hocker geholt und ihn mit großem Eifer gedreht und festgebunden; Der italienische Conte, Fagio di Puppi , schlug die Mandoline an , die er „die Dame seines Herzens" nannte, von der er sich auch auf der längsten Reise nie trennte.

Als Elsa und ich genug Blumen hatten, setzten wir uns zu den anderen, und es war angenehm, dort im Schatten der Linde auszuruhen, deren Blätter in der sanften Luft flatterten, während Bienen und Schmetterlinge in der Wärme über den Blumen schwebten Sonnenschein. Die Vögel sangen nicht mehr; sie waren schon vor langer Zeit mit dem Nisten fertig; aber wir, mit unseren jungen Herzen voller Liebe, waren in der richtigen Stimmung für den Gesang, und als Puppi uns mit einem süßen italienischen Lied bezaubert hatte und ich seine Laute mit einer Rose als Guerdon geschmückt hatte, nahm mein Herr von Eberstein ein Beispiel von ihm, und dann baten sie Ann und mich, unseren Teil beizutragen; aber Junker Henning war der eifrigere. Daraufhin lächelte Ann ihn so gnädig an, dass ich Mitleid mit ihm hatte, und sie winkte mir zu, und ich übernahm, wie es bei uns üblich war, den unteren Teil, und wir spielten Prinz Wizlavs „Lied an Dame Love". Es ertönte laut und klar aus unseren Kehlen über die Köpfe der Herren, die zu unseren Füßen saßen, und durch den Garten:

„Die Erde ist befreit und Blumen
in allen Wiesen sprießen, die milden Mittagsstunden sind süß mit seltenen Düften; die Hügel springen vor Freude. Die glücklichen Vögel singen, und jetzt, während die Winde schlafen, schweben sie durch die sonnige Luft." .

Jetzt beginnen die Herzen zu entzünden
und vor Liebesschmerz zu brennen, während Kerzen lodern und
schwinden. Liebe, unsere Dame! leihe dein Ohr! Möchtest du unser
Vergnügen verderben?
Ach, lass uns nicht schmachten! Wer dir seinen Schatz schwört,
hochmütige Dame, muss auf der Hut sein.

Wir hatten so viel gesungen, als uns das Geräusch von Hufen, das wir bereits auf dem weichen Boden des Waldes wahrgenommen hatten, innehalten ließ. Dann siehe! Ann wurde blass und drückte ihre Hände voller Rosen, die sie für ihre Girlande ausgewählt hatte, fest an ihre Brust, als hätte sie Schmerzen. Junker Henning, der sie, während sie sang, andächtig, ja entzückt angeschaut hatte, bemerkte diese Geste und sprang auf, um ihr zu Hilfe zu kommen ; aber sie beherrschte sich mit wunderbarer Bereitwilligkeit und lachte, als sie ihm ihren Finger zeigte, von dem zwei Blutstropfen auf ihr weißes Kleid gefallen waren. Und während sich das Gartentor öffnete, reichte sie dem jungen Mann die Hand und sagte eilig: „ Gestochen, – ein Dorn! – würdest du ihn mir bitte herausnehmen, Junker?“

Er ergriff ihre Hand und hielt sie lange wie ein Juwel oder ein Wunder in seiner eigenen, bevor ihm einfiel, dass er den Dorn herausziehen musste. Die anderen vornehmen Männer , darunter auch mein Schwager Paulus, waren ebenfalls herbeigesprungen, um ihre Hilfe zu leisten; Er hatte tatsächlich seine Spitzenkrawatte abgerissen und sie in den Brunnen getaucht.

Inzwischen hatten sich die Neuankömmlinge dem Kreis angeschlossen: Zuerst Herzog Rumpold , dann Jost Tetzel und zuletzt Herdegen mit Ursula.

Ich flog ihm entgegen, und als er mich in seinen Armen hielt, mich küsste und mir von ganzem Herzen Freude über meine Verlobung wünschte, vergaß ich alle alten Beschwerden und freute mich nur, ihn wieder zu Hause zu haben; bis Ursula mich begrüßte und Herdegen in Sichtweite von Ann kam. Sie war unter der Linde sitzen geblieben, auf einem Sattelkissen aus blauem Samt, wie auf einem Thron; und tatsächlich schien sie eine Königin zu sein, da sie den Dienst der Herren, die von ihrem gestochenen Finger so berührt waren, gnädig annahm. Der Junker wickelte es sorgfältig in ein grünes Blatt, das, wie seine Großmutter ihn gelehrt hatte, eine heilende Gabe besaß; Paulus hielt ihm das geschnürte Kopftuch entgegen, und der Italiener schlug klagende Töne auf seiner Laute.

All diese Beschäftigungen hätten mir zu jeder anderen Zeit sicherlich Spaß gemacht, aber jetzt lag das Lachen für mich fern, und ich hatte keine anderen Augen als für Ann in ihrem kleinen Hof und für meinen Bruder.

Zuerst tat sie so, als würde sie ihn nicht sehen ; und während der Junker noch ihre Hand hielt, schlug sie ihm mit einem Rosa auf die Finger, obwohl sie nie geneigt war, solch unziemliche Freiheit zu gebrauchen.

Dann markierte sie zuerst Mylord, den Herzog, und erhob sich, um ihn mit höflicher Ehrfurcht zu begrüßen, und erst als sie sich kalt und knapp vor Tetzel und seiner Tochter verneigt hatte, schien sie zu bemerken, dass Herdegen zu der Gesellschaft gehörte. In diesem Moment erinnerte ich mich an den Morgen, als Love sie in seine Arme geworfen hatte, und mit Schmerz und Staunen beobachtete ich ihr weiteres Verhalten. In Wahrheit übertraf es alles, wovon ich hätte träumen können: Sie streckte ihm mit einem einladenden Lächeln die Hand entgegen, hieß ihn zu Hause und im Wald willkommen, tadelte ihn dafür, dass er sich so lange von mir, seiner lieben kleinen Schwester und unserem guten Cousin ferngehalten hatte, und dann drehte sie ihm den Rücken zu, um den Junker zu bitten, ihre Kissen richtig zu platzieren. Damit reichte sie diesem jungen Herrn die Hand, um sie auf ihren Platz zu stützen, und fragte ihn, ob man in seinem Land nicht der göttlichen Dame Musica gedient und sie verehrt habe ? Und wohingegen er antwortete, dass dies wahrlich der Fall sei, dass er in seinem eigenen Land viele süße Lieder gehört habe, die von edlen Damen auf der Harfe und der Laute gesungen wurden, dass die Kinder immer bei ihren Spielen singen würden, und dass auch er sich oft ermutigt habe Als sie seine Stimme beim Singen von Madrigalen hörte, bat sie ihn, eine Ballade oder ein Lied vorzuführen. Der Rest der Gesellschaft schloss sich ihren Bitten an, sie ließ ihm keine Ruhe, bis er ihrem Verlangen nachgab, und danach hatte er protestiert, dass sein Gesang nicht besser sei als das Zwitschern eines Stares oder Gimpels und sein Liedchen nur so Er erinnerte sich aus seiner Kindheit, er sang das Lied „Es regnete auf der Brücke und ich war nass" mit einer weder lauten noch feinen Stimme, sondern rein und mit großer Bescheidenheit.

Ann lobte dieses einfache und recht kindische Liedchen sehr und sagte, sie sei sicher, dass sie durch ihre Lehrtätigkeit eine gute Sängerin aus dem Junker machen könne.

Die anderen waren derselben Meinung, und Herdegen , der inzwischen etwas abseits bei Ursula stand, sah zu und staunte sehr , als könne er nicht glauben, was sein Ohr hörte und sein Auge sah.

Da mein Herr Herzog dann mehr Musik hören wollte, waren wir bereit genug zu gehorchen und erhoben unsere Stimmen, während er auf einem bequemen Sofa lehnte, fleißig zuhörte und uns die Gnade seines gnädigen Lobes überreichte.

Dennoch gehorchten wie bisher viele Anns kleinstem Zeichen, aber noch nie hatte ich sie bisher stolz auf ihre Macht und so begierig gesehen, sie zu nutzen. Hin und wieder wandte sie sich mit einem leichten Wort und einer freien Haltung an Herdegen , doch er war offensichtlich nicht bereit, seinen Platz vor ihr mit den anderen einzunehmen.

Nein, mir kam es so vor , als hätten er und Ursula nichts mit uns zu tun; insofern war sie in Samt und edlen Brokat gekleidet, und über ihrem Reithut war sozusagen eine Laube aus gelben und purpurnen Straußenfedern gewunden.

Herdegen war nach französischer Art tapfer gekleidet, und über seinem Kopf ragte ein Bündel hoher Federn empor, die in einem seidenen Band zusammengehalten wurden, das sein Haar band. Sein Kreuzgürtel war mit Edelsteinen besetzt und mit kleinen Glöckchen behängt, die klingelten, wenn er sich bewegte, und unser Lied erklangen; und in dieser heißen Sommerflut konnte es nicht zu seiner Bequemlichkeit gereicht haben, dass er die etikettierten Brusttaschen trug, die eine Handbreit tief von seinen Schultern über die Ärmel seiner Samttunika reichten.

Je fröhlicher wir sangen und je klarer wurde, dass wir allem Anschein nach nur den Wünschen von Ann und Seiner Hoheit dem Herzog gehorchen sollten, desto weniger konnte sich mein Bruder zurückhalten, sein Missfallen zu verbergen; und als der Junker bald Ann bat, sie möge „ Tanderadei “ singen, was sie sehr bereitwillig tat, konnte Herdegen es nicht mehr ertragen; Er bat den Italiener, ihm seine Mandoline zu leihen , und schlug die Saiten an, als ob es nur zu seinem eigenen Vergnügen wäre. Daraufhin wandte sich Ann zu ihm und bat ihn höflich um ein Lied, und als er sie fragte, welches Lied sie haben wolle, antwortete sie hastig: „Deine alten Lieder sind mir schon bekannt, Junker Schopper ; und, nach deinem Anschein zu urteilen, du jetzt.“ haben Sie kein Vergnügen außer an französischer Musik. Lassen Sie uns dann etwas von der neuesten Pariser Mode hören.

Darauf antwortete er jedoch: „Hier, in meinem eigenen Land, möchte ich lieber in meiner eigenen Sprache singen, mit Ihrer gnädigen Erlaubnis, schöne Herrin.“

Dann verneigte er sich vor Ursula und mir, ohne auch nur einen Blick auf Ann zu werfen, und sagte weiter: „Und da ich glaube, dass du Madrigale liebst, werde ich nach der Brandenburger Ballade des Junkers ein fränkisches Liedchen singen.“

Er schlug mutig die Saiten an, und die kleinen Vögel, die sich inzwischen in der Linde ausgeruht hatten, hoben wieder ihre kleinen Köpfe, und alle, die Ohren und Seele hatten, nah und fern, Ann nicht die geringste, lauschten dem Er begann mit seiner klaren Stimme und seinem edlen Können.

„Zu all dieser guten Gesellschaft
singe ich, so gut ich kann, ein Madrigal von schönen Damen und rußigen
und fröhlichen Mädchen.
Durch viele große und kleine Länder streife ich, und schöne Damen sehe
ich viele! aber die Schönste von allen sind meine eigenen Jungfrauen.“
Countree .
Die Jungfrauen von Franken, die ich immer gerne treffe, Sie wohnen in
liebevoller Erinnerung Eine immer süße Vision. Von Mädchen sind sie die
Krone und die Perle! Und wenn ich sie nur drehen könnte, würde ich die
Spindel drehen lassen!“

Mylord Duke lobte den Sänger herzlich, und wir alle taten dasselbe; alle außer Junker Henning, dem nicht entgangen war, dass Herdegen sich bemüht hatte, sein bescheidenes Trällern zu übertreffen, und ebenso die glühenden Augen, die er der Dame seiner Wahl zuwandte. Daher bewegte er sich nicht. Ann klatschte leicht in die Hände, blickte in ihren Schoß und konnte eine Zeitlang kein Wort sagen; tatsächlich, wenn sie sich getraut hätte zu sprechen, wäre das Spiel mit Sicherheit verloren gewesen.

Es war der Ritter von Eberstein , der ihr bald , wenn auch unwissentlich, zu Hilfe kam; Er forderte Ursula auf, uns ein Lied zum Dank an Junker Herdegens Loblied auf die Mägde Frankens zu singen.

Das Mädchen glaubte, etwas Gutes zu tun, wenn sie anstelle eines deutschen Liedes ein französisches Lied des Sieur de Machault „J'aim la Flour" wählte, das uns allen gut bekannt war, weil sie es von ihm gelernt hatte alter Veit Spiesz , Anns Großvater; und sie brauchte keine Angst davor zu haben, ihre Stimme zu erheben, da sie stark und klar wie eine Glocke war. Aber sie sang zu laut und mit einer Art zu sprechen, die Herdegen zum Lächeln brachte, und ich kann sie jetzt sehen, wie sie aufrecht in ihrem schönen gelb-violetten Gewand stand und das Lichterlied sang:

„ J'aim la Flour
De valor
Sans falour
Et l'aour
Nuit et jour."

mit aller Kraft, als wollte sie sie zum Kampf aufstacheln. Die Torheit einer so verkehrten Art, solche Worte zu singen, war Ann klar, in deren Blut sozusagen alles Erlesenste an musikalischem Empfinden lag, und Herdegens Lächeln brachte sie wieder zur Ruhe. Als sich Ursula schließlich mutig an Ann wandte und sie zum Singen aufforderte, als ob zwischen den beiden nie ein Bruch stattgefunden hätte, glaubte Ursula, dass sie etwas Wunderbares geleistet hatte. Da verlangte der Herzog, der noch immer ein guter Sänger war und sich daran erinnerte, wie sich Ursula bei dem großen Tanz gegen Ann erniedrigt hatte, die Laute und sang das Lied wie folgt:

„Seht eine Dame, süß und schön,
in einfachem Kleid, aber richtig gut gekleidet ist sie mit Anmut. Durch sie scheinen Blumen weniger hell, und sie ist ein so herrlicher Anblick wie am Maimorgen die goldene Sonne, die Hügel erleuchtet lea – Aber freche Mägde erfreuen uns trotz all ihrer Tapferkeit nicht."

Und er sang Ann den kleinen Vers vor, als ob er sie lobte, bis er bei der letzten Zeile, die ihm wie verächtlich über die Lippen kam, einen tadelnden Blick auf Ursula warf, und mancher konnte sehen und fühlen, wie Nun, das

Lied passte sowohl zu der einen als auch zu der anderen der feindlichen Jungfrauen.

Dennoch war es schwer zu erraten, was Ursula bei all dem dachte; Sie dankte dem Herzog freimütig für sein schönes Lied, das allen frechen Damen den Spiegel vorhielt. Gleichzeitig blickte sie Ann fest an und führte sowohl Herdegen als auch den Ritter von Eberstein zu einem Gespräch mit sich selbst; Doch wie oft warf mein Bruder die ganze Zeit seinen Blick auf die Geliebte seines Herzens, die er verraten hatte.

Was mich betrifft, kann ich mich kaum an alles erinnern, was gesagt wurde, vor allem über die Blumen und Bäume im Garten. Nur Ann und mein Bruder bleiben in meiner Erinnerung, jeder tat so, als ob er den anderen weder sehen noch hören würde, während jeder insgeheim weder Augen noch Ohren für den anderen hatte. Ja, und ich erinnere mich daran, wie die Unruhe und der Kummer meines Bruders mich mal so mit Freude und mal mit Mitleid erfüllten, dass ich dem Junker am liebsten zugerufen hätte, dass dies ein schlechter Streich sei, den sie ihm spielten, insofern Ann Öl eingegossen habe mehr Öl auf der Flamme seiner Liebe.

Und da standen der alte Tetzel und seine Tochter, und es war deutlich zu sehen, dass sie glaubten, Herdegen in ihrer Arbeit sicher zu haben ; nein, es schien ziemlich wahrscheinlich, dass er den Befehlen seines Onkels gefolgt war und bereits mit ihr verlobt war. Allerdings hatte dieser seltsame Liebhaber bis zu diesem Moment keinen einzigen liebevollen Blick auf seine Geliebte geworfen.

Was soll dabei herauskommen? Wie könnte ich jemals Frieden und Trost in einer so perversen Welt finden, und inmitten dieser Täuschung, die alles auf den Kopf gestellt hatte, was bisher aufrichtig schien? In welche Richtung ich mich auch wandte, es gab Dinge, die ich nicht sehen wollte, und die Heiligen wissen genau, dass ich mich nicht umschaute; nein, dass meine Augen auf zwei kleine, deutlich sichtbare Flecken gerichtet waren – die zwei Blutstropfen, die von Anns Finger gefallen waren und die jetzt zwei dunkle, runde Flecken auf ihrem weißen Kleid waren; und als es dämmerte, schien es mir, als würden sie immer schwärzer und größer.

Zu meiner großen Freude erhob sich schließlich mein Herr, der Herzog, und tat so, als würde er gehen; Daraufhin verschwand das falsche Bild, und ich sah, wie Ann mit einem zauberhaften Lächeln Junker Henning die Hand reichte, damit er ihr beim Aufstehen helfen könne.

Das Abendessen erwartete uns in der Forest Lodge. Meine Tante Jacoba platzierte den Herzog auf dem Ehrenplatz zu ihrer Rechten, neben ihm Ann und Junker Henning. Herdegen schickte sie ans andere Ende des Tisches, um sich neben seinen Onkel zu setzen, und Ursula, weit weg von ihm, in die

Mitte; bis zum Ende, damit deutlich wurde, dass sie nichts von einer Allianz zwischen diesem Mädchen und ihrem Neffen wusste.

Während dieser Mahlzeit hatte mein Knappe wenig Grund, sich über seine Dame zu freuen. Der törichte Sport, den ich im Garten begonnen hatte, wurde noch weitergeführt, und er gefiel mir nicht mehr, genauso wenig wie die französische Tapferkeit meines Bruders; Bei Tisch erschien er in einem langen rot-blauen Gewand aus kostbarem Seidenstoff, mit einer Kordel in der Mitte anstelle eines Gürtels, so dass es für alle Welt dem weiten Kleid ähnelte, das unser Magister und viele Würdenträger trugen Bürger, wenn er seine Dienstbarkeit in seinem eigenen Haus in Anspruch nimmt.

Darüber hinaus war mein Herz schwer vor Sehnsucht nach meiner eigenen wahren Liebe, und meine Augen füllten sich oft mit Tränen . Außerdem dankte ich den Heiligen von ganzem Herzen, als meine Tante schließlich den Tisch verließ.

Als wir draußen waren , fragte sie mich heimlich, ob Ann ihre Rolle richtig gespielt habe; worauf ich antwortete: „Nur zu gut."

Herdegen führte mich, sobald er Ursula gute Nacht gesagt hatte, beiseite und wollte wissen, was Ann widerfahren sei. Darauf erwiderte ich hastig, dass er es mit Sicherheit nicht wissen wollte, da er ihr gegenüber gebrochen hatte. Daraufhin war er verärgert und antwortete, dass die Dinge so bleiben könnten, wie sie seien; aber dass er etwas erstaunt war, als er feststellte, wie leicht sie über das hinweggekommen war, was ihm so manchen Tag und jede Nacht verdorben hatte.

Dann fragte ich ihn, ob er sie in Wahrheit lieber in Kummer und Kummer gefunden hätte und ihre jungen Tage gern aus Liebe zu ihm traurig gemacht hätte? Plötzlich unterbrach er sie und erklärte, er wisse genau, dass er kein Recht habe, sie in irgendeiner Angelegenheit zu behindern, aber dass er eines nicht ertragen könne, nämlich dass sie, die er als Heilige verehrt habe, sich nun erniedrigen solle nicht edler oder anders als jede andere Magd es könnte. Daraufhin fragte ich ihn, warum er seinen Heiligen verleugnet habe; nein, um einer Magd willen – wie es scheint –, die mit Sicherheit die weltlichste von uns allen war. Und zum Schluss erkundigte ich mich kühn bei ihm, wie es zwischen ihm und Ursula stünde; aber die einzige Antwort, die ich bekam, war, dass er zuerst wissen müsse, ob Ann es mit dem Junker ernst meinte. Daraufhin sagte ich spöttisch, dass er gut daran täte, die Wahrheit dieser Sache bis auf den Grund herauszufinden; Und als ich die Stufen hinauflief, an denen wir standen, küsste ich ihm gleich beim ersten Mal die Hand und wünschte ihm eine gute Nachtruhe.

Oben in unserem Zimmer fand ich Ann sehr verstört.

Sie, die sonst so ruhig war, ging ohne Pause oder Unterlass in dem engen Raum auf und ab; und als ich sah, wie sehr ihre Ängste und ihr Gewissen sie quälten, zwang mich das Mitleid, auf meinen Vorsatz zu verzichten, ihr keine Hoffnungen zu machen; Ich offenbarte ihr, dass ich herausgefunden hatte, dass das Herz meines Herdegen trotz Ursula immer noch ihres war.

Das tröstete sie einigermaßen; aber dennoch konnte es ihren Seelenfrieden nicht wiederherstellen. Mir kam es so vor , als wäre ihr die rücksichtslose Arbeit, die sie an diesem Tag geleistet hatte, erst jetzt bewusst geworden; Sie konnte ihre Tränen nicht zurückhalten, als sie gestand, dass Herdegen sie heimlich gebeten hatte, ihm eine kurze Rede mit ihr zu gewähren, und dass sie sich dazu durchgerungen hatte, ihn abzulehnen.

All dies wurde im Flüsterton erzählt; Nur eine dünne Holzwand trennte Ursulas Zimmer von unserem. Noch gab es keine Hoffnung auf Schlaf, da der Lärm, den die Herren bei ihrem Zech verursachten, laut und deutlich durch das offene Fenster drang, und je später er wurde, desto lauter wurde Herdegens Stimme und vor allem die des Junkers . Und ich wusste, welche Stunde die Uhren angezeigt haben mussten, als mein Bruder lauter als je zuvor den alten Refrain rief:

„ Bibit Hier ist , Bibit herus
       Bibit Meilen, Bibit Klerus
       Bibit ille , bibit illa
       Bibit servus cum ancilla.
       Bibit soror , bibit frater
       Bibit anus, Bibit mater
       Bibit ista , bibit krank :
       Bibunt Centem , Bibunt Milee .

[Der Erbe trinkt, der Besitzer trinkt,
der Soldat und der Angestellte, er trinkt, sie trinkt, der Diener und die
Dirne. Die Schwester trinkt und isst den Bruder,
die Großmutter und der Oberbeleuchter,
       Dieser trinkt , jener trinkt,
hundert trinken – tausend!]

Dies war aber auch nicht das Ende. Die lateinische Sprache dieses Liedes könnte Junker Henning vielleicht dazu angeregt haben, seinerseits seine Gelehrsamkeit zur Schau zu stellen, und zwar mit einer Stimme, die dem kräftigen Brandenburger Bier – das „Tod und Mord" heißt – oder dem Feurigen keine Weichheit verliehen hatte Hippocras, den er getrunken hatte, singte er den schamlosen Vers:

„Pro Transit Kleriker
      [Unter dem grünen Schatten;]

Invenit ibi stantent ,
[Eine schöne und angenehme Magd;] Salve mi puella ,
[Gegrüßet seist du, die süßeste;] Dico tibi vere
[Du sollst meine Liebe sein!]"

Der Rest des Liedes war nicht zu verstehen, während Herdegen gleichzeitig ebenfalls sang, als ob er den anderen gern zum Schweigen bringen wollte:

„Schöne Dame, oh meine Dame!
Ich wollte, ich wäre bei dir, aber zwei tiefe, rollende Flüsse fließen zwischen dir und mir herab."

Und als Herdegen die letzten Zeilen sang:

„Aber die Zeit kann sich ändern, meine Dame,
und die Freude mag noch mein sein, und die Trauer kann sich in Freude verwandeln, meine süßeste Elselein !"

Annelein " brüllen ; und darauf ein großer Tumult und die Stimme meines Onkels Conrad und dann wieder viel Aufruhr und Bänkerücken, bis alles still war.

Selbst dann hatte uns der Schlaf nicht heimgesucht, und das, was unten geschehen war, war für mich eine ebenso große Qual wie meine Ängste um meinen Geliebten. Dass Ann ebenfalls nie ein Auge geschlossen hat, steht außer Zweifel, denn als der Aufruhr unter uns so laut wurde, jammerte sie vor Trauer: „Oh, barmherzige Jungfrau!" oder „Wie soll das alles enden?" wieder und wieder.

Nein, Ursula schlief auch nicht; und durch die mit Brettern verkleidete Wand konnte ich nicht umhin, fast jedes Wort der Gebete zu hören, in denen sie ihre Schutzpatronin anflehte und sie inbrünstig anflehte, ihr die Liebe Herdegens zu schenken, dessen Herz seit seiner Jugend zu Recht ihr gehört hatte allein und beschwört den Untergang des falschen Mädchens, das es gewagt hatte, ihr diesen Schatz zu rauben.

Als ich das hörte, hatte ich große Angst, und tatsächlich
empfand ich zum ersten Mal ehrliches Mitleid mit Ursula.

[Ende des Originalbandes Eins der Druckausgabe]

LESEZEICHEN DES ETEXT-HERAUSGEBERS:

Liebe, die fähig und bereit ist, alles zu ertragen.
Wunder, das wir zum größten Teil Kindern und Narren überlassen